社会科授業づくりは「単元で考える」

文部科学省教科調査官

小倉勝登 著

Ogura Katsunori

明治図書

はじめに

子供たちからの宿題に応えたい
―「あまり好きではないが，役に立つと思う」―

「学級の子供たちに，楽しい社会科の授業を届けたい」「社会科好きの子供を増やしたい」現場の先生方は，日々，努力して，一生懸命に授業づくりに励んでいます。私も26年間の教員生活では，つねに，考えていたことです。では，子供たちは，社会科の学習について，どのように考えているのでしょう。平成24・25年度小学校学習指導要領実施状況調査の児童質問紙によると，「好き」「どちらかというと好き」という肯定的な回答をした子供は，第4学年58.8%，第5学年55.2%，第6学年63.2%となっています。これは，他教科等と比べて決して高い数値とは言えません。学級で考えると半分の子供たちは「好き・どちらかと言えば好き」と感じているけれど，半分の子供たちは「好きではない・あまり好きではない」と感じているということです。ここに，社会科の学習に対する厳しい現実があります。しかしながら，もう一つの質問を見ると，社会科の学習の捉え方が変わってきます。それは，「社会科の学習をすれば，ふだんの生活や社会に出て役立つ」というものです。ここでの回答は，第4学年80.1%，第5学年80.1%，第6学年78.8%となっています。つまり，8割の子供たちが，社会科の学習は普段の生活や社会に出て役立つと感じているということです。ここからわかることは，子供たちは社会科の学習に対して「あまり好きではないが，役に立つ」と思っているということです。このズレが，実は社会科の学習が抱えている問題ということです。

私は，これは，子供たちから我々教師に突きつけられている宿題と思っています。「楽しい社会科の学習がしたい」というメッセージです。子供たちが「社会科が好きで，役に立つと思う」と思えるように，楽しい社会科の授業をつくりたい，楽しい社会科の授業を増やしたい，子供の宿題に応えたい，そのためには，どうしたらいいのか，本書で一緒に考えたいと思っています。

現場の先生方の声に応えたい ―「はじめの一歩」にしてほしい―

　楽しい社会科の学習を展開するために，私は，まず，「教師自身が社会科授業づくりを楽しむ，教師自身が社会科授業を楽しむ」ことが大切であると思っています。授業をする教師が楽しいと思っていない社会科の学習を子供たちが楽しいと感じるのは，難しいことです。しかし，これは，そう簡単なことではないことはわかっています。現場の先生方からは，「社会科の授業をどうつくっていけばいいかわからない，難しい」「社会科は，何を教えたらいいのか，わからない」という声を多く聞きます。

　それでは，どう考えたらいいのか，です。楽しい社会科授業づくりのためには，「はじめの一歩」が大切であると思います。小学校社会科の学習は，問題解決的な学習です。問題解決的な学習を展開するためには，教師が授業づくりを「単元で考える」ことが大切です。「単元で考える」ための「はじめの一歩」とは，学習指導要領です。「学習内容は，何か」「何について調べ，何を考えるのか」がわからなければ，どのような授業をすればいいのかイメージすることはできません。そこで，まずは，それをつかむことが「はじめの一歩」ということです。つまり，学習指導要領や解説を読むことから始めることなのです。しかしながら，あの解説を読みこなすことは，なかなか至難の業です。私も現場時代の経験上よくわかります。そこで，本書では，学習指導要領の読み方や読むべき Point などを中心に「はじめの一歩」を解説していきます。さらに，授業づくりのベースとなる「学習評価」や「学習活動」についても解説します。どちらも「単元で考える」大切な要素です。

　本書は，あくまでも「はじめの一歩」です。一歩踏み出すことができれば，あとは，現場の先生方が熱心に教材研究に取り組み，楽しい授業を展開してくださるに違いありません。期待しています。ですから，先生方が一歩を踏み出す，その背中をちょっと押したい，それが本書の目的です。

　少しでも現場の先生方の元気と勇気とやる気につながれば幸いです。

　さあ，一緒に一歩踏み出してみませんか。

小倉　勝登

目次

はじめに　2

序　章
小学校社会科学習の大前提
....

❶　小学校学習指導要領　社会の目標　8

第1章
学習指導要領を読んで，
単元のイメージをもつ
....

❶　学習指導要領の読み方を覚えて，学習指導要領を読む　14

❷　学習指導要領を読んで，見方・考え方を働かせるイメージをつかむ　20

　(1)　社会的事象の見方・考え方　20

　(2)　社会的事象の見方・考え方を働かせる　22

　　　◆学習指導要領記載事項と「解説」から読み取った社会的事象の見方・考え方　33

　　　第3学年(1)～(4)　　第4学年(1)～(5)

　　　第5学年(1)～(5)　　第6学年(1)～(3)

❸　学習指導要領を基に単元で教材研究を行う　44

　(1)　学習指導要領を読んで分析する　44

　(2)　教材研究し，分析する　46

　(3)　学習指導要領とすり合わせる　48

第2章
学習評価を考え，単元のイメージをもつ

❶ 子供一人一人の良さを積極的に見取る　50

❷ 目標と評価規準をセットで考える　54

❸ 小学校社会科の学習評価の改善について理解する　58

 (1) 評価の観点とその趣旨を理解する　58

  ①評価の観点や基本的な考え方　58

  ②評価の観点の趣旨　60

 (2) 単元の評価規準を作る　62

  ①「知識及び技能」と評価の観点「知識・技能」　64

  ②「思考力，判断力，表現力等」と評価の観点「思考・判断・表現」　67

  ③「学びに向かう力，人間性等」と評価の観点「主体的に学習に取り組む態度」　72

 (3) 単元の具体的な評価規準をつくる　77

  ◆学年ごと各単元の評価規準の設定例　82

 (4) 指導と評価の一体化を図る　97

第3章
学習活動を考え，単元をデザインする

❶ 問題解決的な学習過程をイメージする　102

 (1) どの時間に，どのような活動を行うのか　104

 (2) 学習活動の前後の学びを大切にする　104

❷ 問題解決の見通しをもつ　106

 (1) 第3学年「地域の安全を守る働き」：「驚き！と疑問？」で問いを生む仕掛け　A

 小の実践　108

(2) 第4学年「廃棄物を処理する事業」：「ブラックボックス型」で問いを生む仕掛け　B小の実践　110

(3) 第3学年「地域に見られる生産の仕事」：「実物の比較・体験」で問いを生む仕掛け　C小の実践　110

❸ 問題解決のために話し合う　112

(1) 1人1人の考えを広げ深めるために話し合う　D小の実践　114

(2) 活動を決めるために話し合う　E小の実践　116

❹ 社会的事象の特色や意味を考える　116

❺ 社会への関わり方を選択・判断する　118

❻ 一人一台端末を効果的に活用する　126

(1) 効果的に活用を考える　128

(2) 場面ごとに効果的な活用を考える　130

①調べる場面　130

第4学年(4)「先人の働き」における調査・見学活動の場面

第3学年(2)「地域に見られる販売の仕事」における疑似的な調査・見学活動の場面

②考える場面　132

第4学年(1)「わたしたちの県の様子」における自分の考えをもつ場面

第4学年(2)「廃棄物を処理する事業」における互いの考えを共有し，関連付けたり整理したりする場面

(3) 社会科の指導における一人一台端末の活用の考え方を知る　134

①学び方や調べ方を大切にし，子供の主体的な学習を一層重視すること　134

②社会的事象等について調べまとめる技能　135

❼ 「社会的事象の見方・考え方」をくり返し働かせる　141

おわりに　151

序　章

小学校社会科学習の
大前提

> 小学校社会科は，社会的事象の見方・考え方を働かせ，問題解決的な学習を通して，資質・能力の育成を図ることが目標。

❶ 小学校学習指導要領　社会の目標

　小学校社会科は，どのような学習を目指すのでしょうか。それは，小学校社会の目標を読むことでつかめます。

> 　社会的な見方・考え方を働かせ，課題を追究したり解決したりする活動を通して，グローバル化する国際社会に主体的に生きる平和で民主的な国家及び社会の形成者に必要な公民としての資質・能力の基礎を次のとおり育成することを目指す。
> (1)　地域や我が国の国土の地理的環境，現代社会の仕組みや働き，地域や我が国の歴史や伝統と文化を通して社会生活について理解するとともに，様々な資料や調査活動を通して情報を適切に調べまとめる技能を身に付けるようにする。
> (2)　社会的事象の特色や相互の関連，意味を多角的に考えたり，社会に見られる課題を把握して，その解決に向けて社会への関わり方を選択・判断したりする力，考えたことや選択・判断したことを適切に表現する力を養う。
> (3)　社会的事象について，よりよい社会を考え主体的に問題解決しようとする態度を養うとともに，多角的な思考や理解を通して，地域社会に対する誇りと愛情，地域社会の一員としての自覚，我が国の国土と歴史に対する愛情，我が国の将来を担う国民としての自覚，世界の国々の人々と共に生きていくことの大切さについての自覚などを養う。

　実は，この目標に，小学校社会科がどのような学習を通して，資質・能力を育成するのか，目指す社会科の学習像が描かれています。注目するのは，目標の最初に示されている柱書の部分です。では，どのように示されているのでしょう。柱書を読んでみましょう。

> 　社会的な見方・考え方を働かせ，課題を追究したり解決したりする活動を通して，グローバル化する国際社会に主体的に生きる平和で民主的な国家及び社会の形成者に必要な公民としての資質・能力の基礎を次のとおり育成することを目指す。
>
> 　　　　　　　　　　　　　　　　　　　　　（引用の下線等は筆者，以下同）

　柱書に示されている「社会的な見方・考え方を働かせ」とは，社会科における見方・考え方を示しています。ここで言う社会科とは，小学校と中学校を合わせて表現しています。ですから，社会的な見方・考え方とは，下図に示すように，小学校社会科の社会的事象の見方・考え方，中学校社会科の社会的事象の地理的な見方・考え方，社会的事象の歴史的な見方・考え方，現代社会の見方・考え方の総称です。小学校社会科においては，「**社会的事象の見方・考え方**」となります。

```
┌─────────── 社会的な見方・考え方 ───────────┐
│                                              │
│   現代社会の見方・考え方（公民的分野）       │
│   社会的事象を                               │
│   政治，法，経済などに関わる多様な視点（概念や理論 │
│   など）に着目して捉え                       │
│   よりよい社会の構築に向けて，課題解決のための選択 │
│   ・判断に資する概念や理論などと関連付けて     │
│                                              │
│  社会的事象の地理的な見方・考え方  社会的事象の歴史的な見方・考え方 │
│      （地理的分野）              （歴史的分野）  │
│   社会的事象を                社会的事象を      │
│   位置や空間的な広がりに着目して捉え  時間，推移などに着目して捉え │
│   地域の環境条件や地域間の結び付きな  類似や差異などを明確にしたり │
│   どの地域という枠組みの中で，人間の  事象同士を因果関係などで関連付けた │
│   営みを関連付けて            りして       │
│                                              │
│      社会的事象の見方・考え方（小学校）      │
│       社会的事象を                           │
│       位置や空間的な広がり，時期や時間の経過， │
│       事象や人々の相互関係などに着目して捉え   │
│       比較・分類したり総合したり             │
│       地域の人々や国民の生活と関連付けたりして │
└──────────────────────────────────────────────┘
```

文部科学省『小学校学習指導要領（平成29年告示）解説　社会編』（以下，「解説」と表記）p.19

　柱書に示されている「課題を追究したり解決したりする活動を通して」とは，教科の特質に応じた学習活動を示しています。ですから，小学校社会科において考えれば，これは，「**問題解決的な学習**」ということになります。

このように読んでいくと，小学校社会科の学習は，

> 社会的事象の見方・考え方を働かせ，問題解決的な学習を通して，
> グローバル化する国際社会に主体的に生きる平和で民主的な国家及び社会の形成者に必要な公民としての資質・能力の基礎を次のとおり育成することを目指す。

と示されていることがわかります。つまり，小学校社会科は，目標(1)(2)(3)で示されている資質・能力を育成するためには，「社会的事象の見方・考え方を働かせ，問題解決的な学習を通す」ことが大前提と言えるのです。

　さらに，今回の学習指導要領では，資質・能力の育成のためには，主体的・対話的で深い学びの視点からの授業改善が重要であることが記されています。小学校社会科においては，主体的・対話的で深い学びの視点からの授業改善は，「問題解決的な学習過程の充実」と言うことができます。これを実現するには，子供が社会的事象から学習問題を見いだし，問題解決の見通しをもって他者と協働的に追究し，追究結果を振り返ってまとめたり，新たな問いを見いだしたりする学習過程などを工夫することが考えられます。つまり，社会科固有の学びのプロセスを一層充実させることが求められているのです。

　では，「問題解決的な学習過程の充実」を図るためには，どうしたらいいのでしょうか。そのためには，

> 教師が社会科の学習を「単元で考える」こと

が重要です。

　では，「単元で考える」とは，どのようなことか，どのようなことが大切なのか，学習指導要領・学習評価・学習活動の３つからアプローチしていきます。

社会科の 目標	小学校社会科は， 社会的事象の見方・考え方を働かせ， 問題解決的な学習を通して，資質・能力の育成を図る

目標の柱書

社会的な見方・考え方を働かせ
課題を追究したり解決したりする活動を通して， ← 小学校・中学校
共通

グローバル化する国際社会に主体的に生きる平和で民主的な国

家及び社会の形成者に必要な公民としての資質・能力の基礎を

次のとおり育成することを目指す。

「社会的な見方・考え方を働かせ」とは

　　　　＝社会科における見方・考え方を示している
　　　　　（ここの社会科は，小学校と中学校を総称）

「課題を追究したり解決したりする活動を通して，」とは

　　　　＝教科の特質に応じた学習活動を示している
　　　　　＝（小学校社会科は）問題解決的な学習

社会科改訂のポイントから整理すると……

目標から……

小学校社会科は，社会的事象の見方・考え方を働かせ，

　　　　　　　問題解決的な学習を通して資質・能力の育成を図る

資質・能力育成のための授業改善の視点から……

端的に言えば，小学校の社会科学習においては

主体的・対話的で深い学びの視点からの授業改善は，

　　　　　　　　　問題解決的な学習過程の充実

学びのプロセスが大切
教科固有のプロセスの一層の充実

教師の単元デザインが重要となる
つまり，教師が授業を「単元で考える」ことが必要

第1章

学習指導要領を読んで，
単元のイメージをもつ

> 学習指導要領（小学校　社会）には，読み方があり，読み方を覚えると学びの
> プロセスがわかる（＝単元のイメージがつかめる）。

❶　学習指導要領の読み方を覚えて，学習指導要領を読む

　教師が，社会科の学習を「単元で考える」ためには，単元のイメージをも
つことが大切です。単元のイメージをもつために，まず，取り組みたいこと
は学習指導要領を読むことです。しかし，ただ読むだけでは単元のイメージ
はつかみにくく，ある工夫が必要なのです。実は，学習指導要領には，読み
方があり，この読み方を覚えて読むことが大切です。

　今回の学習指導要領では

「〜について，<u>学習の問題を追究・解決する活動を通して</u>，次の事項を身に
付けることができるよう指導する。」

という表現にあるように，内容の示し方を「理解内容（知識）」にとどめず
「指導内容」として描いています。つまり，教えて終わり，覚えて終わりで
はなく，学習を通して資質・能力を身に付けるように描かれているのです。

　学習指導要領には，内容ごとに

「〜に着目して，〜で調べ，〜を考え，表現することを通して〜を理解
する」

という理解に至る学びのプロセスが描かれています。

　では，学習指導要領を見ていきましょう。次頁に示すように，学習指導要
領は，全ての内容が決められた構造で示され，A〜Gには，内容ごとに内容
に合う文章が入る形式です。実際に学習指導要領を「〜に着目して，〜で調
べ，〜を考え，表現することを通して〜を理解する」と読み替えてみます。

学習指導要領の構造と読み方

⑴　**A** について，学習の問題を追究・解決する活動を通して，次の事項を身に付けることができるよう指導する。

　ア　次のような知識及び技能を身に付けること。
　　⑺　**B** を理解すること。
　　⑷　**C** などで調べ，**D** などにまとめること。

　イ　次のような思考力，判断力，表現力等を身に付けること。
　　⑺　**E** などに着目して，**F** を捉え，**G** を考え，表現すること。

　　　学習指導要領は，上のような構造で書かれています。
　　　それを下のように，並べ直して読みます。
　　　すると，単元のイメージがつかめます。

⬇

A について，
　E などに着目して，**C** などで調べ，**D** などにまとめて，

　　　F を捉え，**G** を考え，表現することを通して，

　　　　　B を理解すること。

15ページのように構造を捉えると，単元の学びのプロセスが描かれていることがわかり，おおよそどのような単元なのか，どのような単元展開なのか，つかむことができます。では，具体的に第3学年(1)の内容を読んでみましょう。

---

(1) 身近な地域や市区町村（以下第2章第2節において「市」という。）の様子A　について，学習の問題を追究・解決する活動を通して，次の事項を身に付けることができるよう指導する。

　　ア　次のような知識及び技能を身に付けること。

　　　(ｱ)　身近な地域や自分たちの市の様子を大まかにB　理解すること。

　　　(ｲ)　観察・調査したり地図などの資料C　で調べたりして，白地図D　などにまとめること。

　　イ　次のような思考力，判断力，表現力等を身に付けること。

　　　(ｱ)　都道府県内における市の位置，市の地形や土地利用，交通の広がり，市役所など主な公共施設の場所と働き，古くから残る建造物の分布E　などに着目して，身近な地域や市の様子F　を捉え，場所による違いG　を考え，表現すること。

(1) 身近な地域や市区町村（以下第2章第2節において「市」という。）の様子A　について，

　都道府県内における市の位置，市の地形や土地利用，交通の広がり，市役所など主な公共施設の場所と働き，古くから残る建造物の分布E　などに着目して，

　観察・調査したり地図などの資料C　で調べ，白地図D　などにまとめて，

　身近な地域や市の様子F　を捉え，

　場所による違いG　を考え，表現することを通して，

　身近な地域や自分たちの市の様子を大まかにB　理解すること。

　読み替えたことによって，第3学年(1)の単元イメージ，学びのプロセスという単元展開のイメージがつかめたと思います。さらに，「何について調べるのか」「どのように調べるのか」「どのようにまとめるのか」「何を捉えるのか」「何を考えるのか」「この単元で理解することは何か」も読み取ることができるのです。

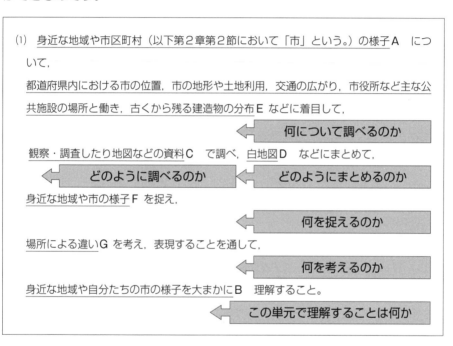

　この内容(1)では，例えば，「都道府県内における市の位置，市の地形や土地利用，交通の広がり，市役所など主な公共施設の場所と働き，古くから残る建造物の分布」について調べることがわかります。さらに，「場所による違い」について考えることを通して，単元の最後では「身近な地域や自分たちの市の様子を大まかに」理解することもわかります。

さらに「解説」を丁寧に読んでいくと，より一層単元イメージをつかむことができます。「解説」p.34～36を基に説明します。

【何について調べるのか】「～などに着目して」

　都道府県内における市の位置に着目するとは，都道府県全体から見た自分たちの市や隣接する市などの位置や位置関係について調べることである。

　市の地形に着目するとは，土地の低いところや高いところ，広々と開けた土地や山々に囲まれた土地，川の流れているところや海に面したところなどの地形の様子について調べることである。

　土地利用に着目するとは，田や畑，森林の広がり，住宅や商店，工場の分布など，土地利用の広がりや分布について調べることである。

　交通の広がりに着目するとは，主な道路や鉄道の名称や主な経路などについて調べることである。

　市役所など主な公共施設の場所と働きに着目するとは，人々が利用する主な公共施設の場所や施設としての働きについて調べることである。

　ここで取り上げる公共施設としては，市（区）役所や町（村）役場（以下市役所という。）をはじめ，学校，公園，公民館，コミュニティセンター，図書館，児童館，体育館，美術館，博物館，資料館，文化会館，消防署，警察署，交番，裁判所，検察庁，港など，多くの市民が利用したり，市民のために活動したりしている施設が考えられる。その際，多くの公共施設は市役所によって運営されていることや，災害時における避難場所は市役所において指定されていることに触れることが大切である。

　古くから残る建造物の分布に着目するとは，身近な地域や市に古くから残る神社，寺院，伝統的な家屋などの建造物や，門前町，城下町，宿場町などの伝統的なまち並みの位置や広がり，いわれなどについて調べることである。

【どのように調べるのか】「～で調べ」

【どのようにまとめるのか】「～にまとめ」

　観察・調査したり地図などの資料で調べたりして，

　白地図などにまとめることとは，

身近な地域や市の様子について，

地図や写真などの資料で市の位置や地形，土地利用，交通の広がりなどを観察したり調べ

たりして，白地図などにまとめることである。

【何を捉えるのか】「～を捉え」

（着目して問いを設けて）調べたことを手掛かりに，身近な地域や市の様子を捉えること

ができるようにする。

【何を考えるのか】「～を考え」

　場所による違いを考え，表現することとは，

例えば，駅や市役所の付近，工場や住宅の多いところ，田畑や森林が多いところ，伝統的

なまち並みがあるところなど，場所ごとの様子を比較したり，主な道路と工場の分布，主

な駅と商店の分布など土地利用の様子と，交通などの社会的な条件や土地の高低などの地

形条件を関連付けたりして，市内の様子は場所によって違いがあることを考え，文章で記

述したり，白地図などにまとめたことを基に説明したりすることである。

【この単元で理解することは何か】「～を理解する」

　身近な地域や自分たちの市の様子を大まかに理解することとは，

都道府県内における市の位置，市の地形や土地利用，交通の広がり，市役所など主な公共

施設の場所と働き，古くから残る建造物の分布などを基に，身近な地域や市区町村の様子

について理解することである。

　このように，学習指導要領を読み替えて，さらに解説を丁寧に読み込んで

いくと単元のイメージを具体的にもつことができます。これが「はじめの一

歩」です。

❷ 学習指導要領を読んで，見方・考え方を働かせるイメージをつかむ

　序章でも説明した通り，小学校社会科の学習は，

　　「社会的事象の見方・考え方を働かせ，問題解決的な学習を通す」

ことで資質・能力の育成を目指します。つまり，教師が授業デザインをする時に考えなければならないことは，この内容（単元）で，「どのような社会的事象の見方・考え方を働かせるのか」ということです。教師が「単元で考える」ためには，単元を通して「どのような社会的事象の見方・考え方を働かせ」，社会的事象の特色や意味を理解するのか，イメージしておく必要があるわけです。実は，これも，学習指導要領の記載や「解説」を読むことで，つかむことができます。では，学習指導要領や「解説」を読んでみましょう。

(1) 社会的事象の見方・考え方

　社会的事象の見方・考え方は，

> 　社会的事象の意味や意義，特色や相互の関連を考察したり，社会に見られる課題を把握して，その解決に向けて構想したりする際の**「視点や方法（考え方）」**であると考えられる。
> 　　　　　　　　　　　　　　　　　　　　　　　　　　　　　　　　（「解説」p.18）

　さらに，社会的事象の見方・考え方は，

> 　「位置や空間的な広がり，時期や時間の経過，事象や人々の相互関係などに着目して（**視点**），社会的事象を捉え，比較・分類したり総合したり，地域の人々や国民の生活と関連付けたりすること（**方法**）」
> 　　　　　　　　　　　　　　　　　　　　　　　　　　　　　　　　（「解説」p.18）

と考えられ，これらは，中学校社会科の各分野の学習に発展するもの，と説明されています。このことから，私たちが，社会的事象を捉えて，その社会的事象のもつ特色や意味を考えていくときの「視点や方法」ということができます。つまり，私たちがある社会的事象と出合い，その社会的事象のもつ特色や意味，本質のようなものを捉えるときに，「どこを見たらいいのか」「何を見たらいいのか」という着目する「**視点**」と「どのように考えたらいいのか」という「**方法**」である，といえます。

小学校社会科の見方・考え方とは

＝社会的事象の見方・考え方

○「視点や方法」　　　社会的事象の見方・考え方の整理

> 位置や空間的な広がり
> 時期や時間の経過
> 事象や人々の相互関係
> 　　などに着目して社会的事象を捉え
> **比較・分類したり，総合したり，**
> 地域の人々や国民の生活と**関連付けたり**すること

こうした見方・考え方を働かせて

→社会的事象の特色や意味などを考える
→社会に見られる課題を把握して，
　　　　社会への関わり方を選択・判断する

社会的な見方・考え方は，資質・能力ではなく
資質・能力【(1)(2)(3)三つの柱】全体に関わるもの

あくまでも……

社会的事象の特色や意味などを考える
社会に見られる課題を把握して，
　　　　社会への関わり方を選択・判断する

ために，

子供たちが「働かせるもの」

整理すると，下のようになります。

○小学校社会科の見方・考え方は，「社会的事象の見方・考え方」である
　　位置や空間的な広がり
　　時期や時間の経過
　　事象や人々の相互関係など　　　に着目して（**視点**），
　　社会的事象を捉え，
　　比較・分類したり総合したり，
　　地域の人々や国民の生活と関連付けたりすること（**方法**）
○小学校社会科においては，「社会的事象の見方・考え方」を働かせ，
　学ぶことを重視する必要がある

　ここで，確認しておきたいのは，社会的事象の見方・考え方は，そのものが資質・能力ではなく，資質・能力【(1)(2)(3)三つの柱】全体に関わるものである，ということです。あくまでも「社会的事象の特色や意味などを考える」ことや「社会に見られる課題を把握して，社会への関わり方を選択・判断する」ために，子供たちが「働かせるもの」ということです。

⑵　社会的事象の見方・考え方を働かせる
　「社会的事象の見方・考え方を働かせる」とは，

　視点や方法を用いて，社会的事象について調べ，考えたり，選択・判断したりする学び
方を示している　　　　　　　　　　　　　　　　　　　　　　　　　（「解説」p.18）

　さらに，これを用いることにより子供の「社会的事象の見方・考え方」が鍛えられていくことを併せて表現している，と説明されています。つまり，「社会的事象の見方・考え方」は，くり返し働かせることで，子供たちの中で「社会的事象の見方・考え方」が鍛えられ，他の社会的事象に出合ったと

きに，これまで身に付けた「視点」と「方法」で追究を図っていくことになるものと考えることができます。

　「解説」では，「社会的事象の見方・考え方を働かせる」ことについて，以下のように例示して，説明をしています。

　　どのような場所にあるか，どのように広がっているかなどと，
分布，地域，範囲（位置や空間的な広がり）などを問う視点から，
　　なぜ始まったのか，どのように変わってきたのかなどと，
起源，変化，継承（時期や時間の経過）などを問う視点から，
　　どのようなつながりがあるか，なぜこのような協力が必要かなどと，
工夫，関わり，協力（事象や人々の相互関係）などを問う視点から，
　<u>それぞれ問いを設定して</u>社会的事象について**調べて，**その様子や現状などを**捉えることである。**
　　また，どのような違いや共通点があるかなどと，**比較・分類したり総合したり，**どのような役割を果たしているかなどと，地域の人々や国民の生活と**関連付けたりする方法で，**
考えたり選択・判断したりすることなどである。

　これを基に整理すると，「社会的事象の見方・考え方を働かせる」とは，

（位置や空間的な広がり）（時期や時間の経過）（事象や人々の相互関係）
などを問う視点から，**それぞれ問いを設定して，**
社会的事象について**調べて，**その様子や現状などを捉えることであり，
　比較・分類したり総合したり，
　地域の人々や国民の生活と関連付けたりする方法で，
考えたり選択・判断したりすること

ということができ，**視点に着目して，問いを設定して調べること，比較・分類・総合・関連付けなどをして考えたり選択・判断したりすること，**そのような学び方と捉えることができます。「社会的事象の見方・考え方を働かせる」ためには，「問い」がとても重要になってくることがわかります。「解説」では，「教師が教材や資料を準備する際には，こうした視点や方法に基づいて，問いを意識することが大切である。」（p.19）と説明しています。

具体的に，【第３学年(2)「地域に見られる販売の仕事」】を事例として，実際の学習指導要領の記載と「解説」で見てみましょう。

○学習指導要領　イ　思考力，判断力，表現力等　を読む

イ　次のような思考力，判断力，表現力等を身に付けること。
　(ｱ)　消費者の願い，販売の仕方，他地域や外国との関わりなどに着目して，販売に携わっている人々の仕事の様子を捉え，それらの仕事に見られる工夫を考え，表現すること。

　学習指導要領の記載から，消費者の願い，販売の仕方，他地域や外国との関わりなどに着目して，問いを設定して調べること，販売の仕事に見られる工夫を考え，表現すること，が読み取れます。

○「解説」を読む

　学習指導要領の記載事項を読んだら，次に「解説」を読みます。

　イの(ｱ)の消費者の願い，販売の仕方，他地域や外国との関わりなどに着目して，販売に携わっている人々の仕事の様子を捉え，それらの仕事に見られる工夫を考え，表現するとは，
　社会的事象の見方・考え方を働かせ，販売に携わっている人々の仕事の様子について，例えば，
　「消費者はどのようなことを願って買い物をしているか」，
　「商店の人は消費者の願いに応え売り上げを高めるためにどのような工夫をしているか」，
　「商品や客はどこから来ているか」などの問いを設けて調べたり，
販売する側の仕事の工夫と消費者の願いを関連付けて考えたりして，
　　　　　　　　　　調べたことや考えたことを表現することである。

という記述があり，この単元における「社会的事象の見方・考え方を働かせる」学び方である「〇〇に着目して問いを設けて調べ，〇〇と〇〇を関連付けて考える」の問いや関連付けることについて，読み取ることができます。このようにして，この単元でどのような社会的事象の見方・考え方を働かせ，どのように社会的事象の特色や意味について考えるのか，具体的なイメージをもつことができます。これも社会科の授業づくりを「単元で考える」上で，欠かせないとても重要なことです。

「社会的な見方・考え方を働かせる」とは，

「視点や方法（考え方）」を用いて課題を追究したり解決したりする
学び方を表す
（「解説」p.18，19）

（位置や空間的な広がり）などを問う視点から，

（時期や時間の経過）などを問う視点から，

（事象や人々の相互関係）などを問う視点から，

それぞれ問いを設定して，

社会的事象について調べて，

その様子や現状などを捉えること

どのような違いや共通点があるかなどと，

比較・分類したり総合したり，

どのような役割を果たしているかなどと，

地域の人々や国民の生活と関連付けたりする方法で，

考えたり選択・判断したりすること

「社会的事象の見方・考え方」と「問い」の関係

子供たちの資質・能力の育成のためには，授業改善が必要である。
授業改善には，「見方・考え方」を働かせることが重要である。
「見方・考え方」を働かせるためには，「問い」の設定が必要である。

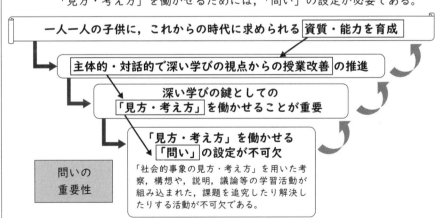

一人一人の子供に，これからの時代に求められる 資質・能力を育成

主体的・対話的で深い学びの視点からの授業改善 の推進

深い学びの鍵としての
「見方・考え方」を働かせることが重要

「見方・考え方」を働かせる
「問い」の設定が不可欠

問いの
重要性

「社会的事象の見方・考え方」を用いた考
察，構想や，説明，議論等の学習活動が
組み込まれた，課題を追究したり解決し
たりする活動が不可欠である。

それでは，社会的事象の見方・考え方を働かせて，社会的事象の特色や意味を考える単元展開をイメージしてみましょう。

【第３学年(2)「地域に見られる販売の仕事」】

① 学習指導要領の記載事項と「解説」を読んで「○○に着目して問いを設けて調べ，○○と○○を比較・関連・総合・関連付けして考える」ことを整理する。

学習指導要領の記載事項 「○○に着目して」	解説の記載事項・問いの例 「例えば，○○などの問いを設けて」
消費者の願いに着目して	「消費者はどのようなことを願って 買い物をしているか」
販売の仕方に着目して	「商店の人は消費者の願いに応え売り上げを高めるためにどのような工夫をしているか」
他地域や外国との関わりに着目して	「商品や客はどこから来ているか」

解説の記載事項例「○○と○○を比較・分類・総合・関連付けして考える」
販売する側の仕事の工夫と消費者の願いを関連付けて考える

② ①の読み取りを参考に単元展開のイメージを考える

　まず，『消費者の立場から調べる時間』―買い物調べ―

○消費者の願いに着目して問いを設定して，調べる。

　例えば，「お家の人は，どこに買い物に行っているのだろう」「どうして，その店に買い物に行くのだろう」「どのようなことを願って買い物をしているのだろう」などの問いを学級で共有して，各自買い物調べをする。その後，買い物調べをした結果を学級で共有し，集約する。

　次に，『販売者の立場から調べる時間』―店への調査・見学活動―

○お店の取組について問いを設定して，調べる。

　お店では，お客さんにたくさん来てもらうために，どのような販売の仕方をしているのか，次のような問いを学級で考える。

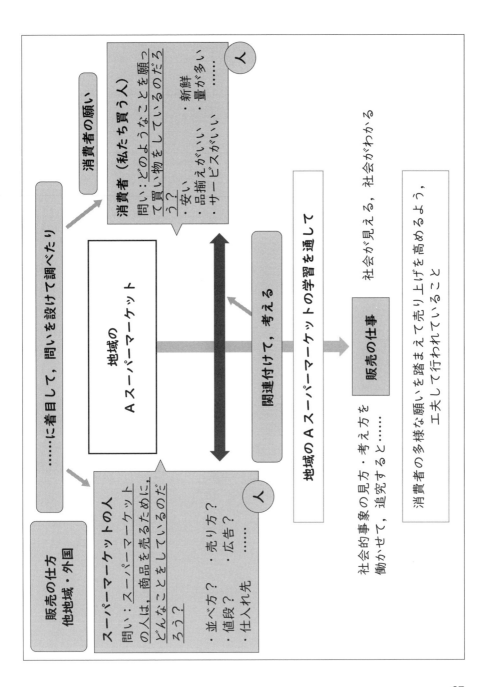

販売の仕方
他地域・外国

……に着目して，問いを設けて調べたり

消費者の願い

消費者（私たち買う人）
問い：どのようなことを願って買い物をしているのだろう？
・安い
・品揃えがいい
・サービスがいい
・新鮮
・量が多い
・……

人

地域の
Aスーパーマーケット

関連付けて，考える

スーパーマーケットの人
問い：スーパーマーケットの人は，商品を売るために，どんなことをしているのだろう？
・並べ方？　・売り方？
・値段？　　・広告？
・仕入れ先　・……

人

地域のAスーパーマーケットの学習を通して

社会が見える，社会がわかる

販売の仕事

社会的事象の見方・考え方を働かせて，追究すると……

消費者の多様な願いを踏まえて売り上げを高めるよう，工夫して行われていること

例えば，「品物は，どのように並べているのだろう」「売り場は，どのようになっているのだろう」「どのようなサービスをしているのだろう」「値段はどうやって決めているのだろう」「品物は，どこから来ているのだろう」「何人くらい働いているのだろう」などの問いを設定して，お店に行って見学したり，インタビューしたりする。その後，調査・見学してわかったことを学級で共有し，集約する。

　最後に，買い物調べをしてわかったこととお店の調査・見学活動をしてわかったことを関連付けて考える。
○消費者の願いと販売者の仕事の工夫を関連付けて考える。

　消費者の立場から調べた「消費者の願い」と販売者の立場から調べた「販売の仕方」や「他地域や外国との関わり」を関連付けて，販売の仕事について考え，まとめる。

　このような単元展開は，先生方が普段行っている「地域に見られる販売の仕事」と同じです。ただ，このときに，大切にしたいことは，社会的事象の見方・考え方を働かせて，社会的事象の特色や意味を考えることを意識して授業づくりをすることです。そのためのポイントは，

> 「○○に着目して問いを設けて調べ，
>
> 　　　　　　○○と○○を比較・分類・総合・関連付けして考える」

ということです。ただ調べるのではなく，視点に着目した問いをきちんと設定して調べる，ということです。そして，調べたら，比較・分類・総合，関連付けして考えるということです。ここが大切です。この過程を通すことにより，Ａ店という事例を通した学習が，Ａ店の学習で終わるのではなく，販売の仕事という社会の学習になるのです。社会科は，事例を通して社会を学ぶ教科です。事例学習に終わることなく，きちんと社会を見せることが大切です。つまり，社会的事象の見方・考え方を働かせて，問題解決を図ることで，子供たちは，これまでわからなかった社会がわかる，これまで見えなか

学習指導要領のイ　思考力，判断力，表現力等 を読む

イ　次のような思考力，判断力，表現力等を身に付けること。
　(ア)　○○，○○ などに着目して，○○を捉え，
　　　　○○○○を考え，表現すること。

「解説」の該当箇所を読む

　イの(ア)は，「思考力，判断力，表現力等」に関わる事項である。
イの(ア)の○○，○○などに着目して，○○を捉え，○○○○を考え，
表現することとは，社会的事象の見方・考え方を働かせ，○○につ
いて，**例えば，○○○か，どのように○○か，などの問いを設けて**
調べたり，○○を（比較・分類・総合・関連付け）して○○を考え
たりして，調べたことや考えたことを表現することである。

学習指導要領を読み替えて単元のイメージをもつ

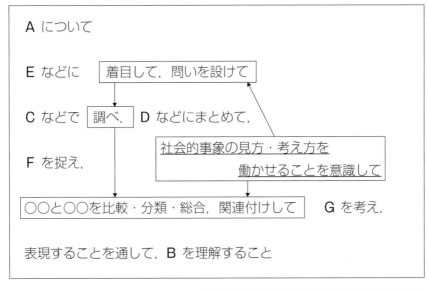

A について

E などに　｜着目して，問いを設けて｜

C などで　｜調べ，｜　D などにまとめて，

　　　　　　　｜社会的事象の見方・考え方を
F を捉え，　　　　　　働かせることを意識して｜

｜○○と○○を比較・分類・総合，関連付けして｜　　G を考え，

表現することを通して，B を理解すること

った社会が見えるようになるのです。社会的事象を「どこから見たらいい
か」「どのように見たらいいか」「どのように考えたらいいか」を示している
のが，社会的事象の見方・考え方と言えるでしょう。

　学習指導要領の記載事項，特に「イ　思考力，判断力，表現力等」を踏ま
え，「解説」を参考にすると，単元において「社会的事象の見方・考え方を
働かせ，問題解決を図る」イメージをつかむことができます。ここまでで，
単元の骨格は見えてきたわけです。

　それでは，実際に「社会的事象の見方・考え方を働かせ，問題解決を図
る」単元デザインをするときに大切なことはどのようなことでしょう。

　それは，単元等でどのような視点や方法（見方・考え方）を働かせること
が大切か考え，教材の開発・吟味，分析を行い，社会的事象の見方・考え方
を問いや資料，学習活動などに潜ませるように計画することで，子供が社会
的事象の見方・考え方を自ら働かせて社会的事象の意味を考えていくように
教師が意図的に授業をデザインすることです。

　「単元等でどのような視点や方法（見方・考え方）を働かせることが大切
か考え」とは，学習指導要領「イ　思考力，判断力，表現力等」の記載事項
と該当箇所の「解説」を読み，この単元で子供たちが，どのような社会的事
象の見方・考え方を働かせるのか，捉えることです。まずは，学習指導要領
の記載事項と「解説」を読み込んで，明確にする，ここがスタートです。例
えば，

【第4学年⑷「県内の伝統や文化」】 ※ p.33〜　第3〜第6学年分掲載

着目して（視点）	問いの例
歴史的背景	いつ頃，どのような理由で始まったか
現在に至る経過	どのような経過で現在に至っているか，
保存や継承のための取組	人々は保存や継承のためにどのような取組をしているか
比較・分類・総合・関連付けして考える例	
それら（伝統や文化）を人々の願いや努力と**関連付けて** 　　　（文化財や年中行事を受け継ぎ保存していることの意味を）**考える**	

単元を通した授業デザイン（単元構想）

Point1　単元で考える

単元等で

Point2　学習指導要領を読む

どのような視点や方法（見方・考え方）を
　　　　　　　　　　働かせることが大切か考え，

教材の開発・吟味，分析を行い，

Point3　見方・考え方と問い等

（見方・考え方を）**問いや資料，学習活動などに**
　　　　　　　　　　潜ませるように計画することで

子供が社会的事象の見方・考え方を自ら働かせて
　　　　　　　社会的事象の意味を考えていくように

教師が意図的に授業をデザインすることが重要

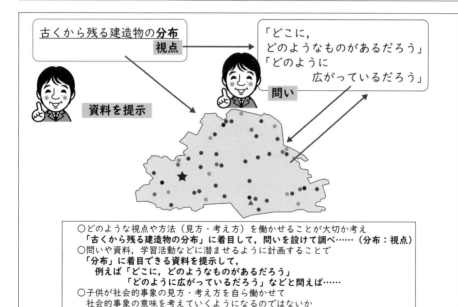

○どのような視点や方法（見方・考え方）を働かせることが大切か考え
　「古くから残る建造物の分布」に着目して，問いを設けて調べ……（分布：視点）
○問いや資料，学習活動などに潜ませるように計画することで
　「分布」に着目できる資料を提示して，
　　例えば**「どこに，どのようなものがあるだろう」**
　　　　　　「どのように広がっているだろう」などと問えば……
○子供が社会的事象の見方・考え方を自ら働かせて
　社会的事象の意味を考えていくようになるのではないか

「社会的事象の見方・考え方を問いや資料，学習活動などに潜ませるように計画すること」とは，この単元で子供が社会的事象の見方・考え方を自ら働かせて社会的事象の意味を考えていくようにするための教師の仕掛けを表しています。

　子供たちと授業を行う際には，「今日の学習で働かせる社会的事象の見方・考え方は，○○と○○と○○の視点で着目して問いをつくり，○○○○して考えます」と示すのではありません。子供たちが自ら働かせて考えることができるように，例えば，「いつ頃，どのような理由で始まったか」と問えば，子供たちは「歴史的背景」という視点でものを考えます。例えば，資料を2枚提示すれば，子供たちは比べるという思考を働かせます（学び方）。「問いや資料，学習活動などに潜ませる」とは，このようなことを意味しています。

　前ページの例は，第3学年(1)の学習ですが古くから残る建造物の分布に関して，教師が資料として古くから残る建造物の場所が記された市の地図を提示して，「どこに，どのようなものがあるだろう」「どのように広がっているだろう」などと問えば，教師が「『分布』という視点を働かせますよ」と言わなくても，子供たちは，「分布」という視点で捉えていくことになります。このような教師の仕掛けを意図的・計画的に行っていくことが大切です。そのためには，どのような問いで迫るか，どのような資料を提示するか，どのような学習活動を行うか，準備しておくことが重要になります。そこで，鍵になるのは，教師の教材研究です。❸では，学習指導要領に基づく教材研究について説明します。

学習指導要領記載事項と「解説」から読み取った社会的事象の見方・考え方

【第3学年(1)「身近な地域や市区町村の様子」】

着目して	問いの例
都道府県内における市の位置	市はどこに位置しているか
市の地形	（どのような様子か）
土地利用	どのように利用されているか
交通の広がり	どのように広がっているか
主な公共施設の場所と働き	（どこにあるか）（どのような働きをしているか）
古くから残る建造物の分布	どのように広がっているか （どこに，どのようなものがあるか）
比較・分類・総合・関連付けして考える例	
場所ごとの様子を**比較**したり社会的な条件や地形条件を**関連付け**たりして違いを考える	

【第3学年(2)「地域に見られる生産の仕事」】

着目して	問いの例
仕事の種類	市内にはどのような生産の仕事があるか
産地の分布	どこに集まっているか
仕事の工程	どのようにして生産されているか
比較・分類・総合・関連付けして考える例	
生産の仕事と地域の人々の生活を**関連付け**て（関連を）考える	

【第3学年(2)「地域に見られる販売の仕事」】

着目して	問いの例
消費者の願い	消費者はどのようなことを願って買い物をしているか
販売の仕方	商店の人は消費者の願いに応え売り上げを高めるためにどのような工夫をしているか
他地域や外国との関わり	商品や客はどこから来ているか
比較・分類・総合・関連付けして考える例	
販売する側の仕事の工夫と消費者の願いを**関連付け**て考える	

【第3学年(3)「地域の安全を守る働き」】

着目して	問いの例
施設・設備などの配置	どこにどのような施設・設備があるか
緊急時への備えや対応	どのように連携・協力して火災や事故などの発生に備えたり対応したりしているか
比較・分類・総合・関連付けして考える例	
諸活動と人々の生活を**関連付けて**関係機関の働きを考える	

【第3学年(4)「市の様子の移り変わり」】

着目して	問いの例
交通 の時期による違い	鉄道や道路はどのように整備されてきたか
公共施設 の時期による違い	どのような公共施設が建てられてきたか
土地利用 の時期による違い	土地の使われ方はどのように変わってきたか
人口 の時期による違い	人口はどのように変わってきたか
生活の道具 の時期による違い	どのように変化してきたか
比較・分類・総合・関連付けして考える例	
市の様子の変化と人々の生活の様子の変化を相互に**関連付けたり**，結び付けたりして，市全体の変化の傾向を考える	

【第4学年(1)「都道府県の様子」】

着目して	問いの例
県の位置	自分たちの県は日本のどこに位置しているか
県全体の地形	どのような地形が見られるか
主な産業の分布	主な産業はどこに分布しているか
交通網	交通網はどのように広がっているか
主な都市の位置	主な都市はどこに位置しているか
比較・分類・総合・関連付けして考える例	
情報を**総合**して県の地理的環境の特色を考える	

【第4学年(2)「飲料水，電気，ガスを供給する事業」】

着目して	問いの例
供給の仕組みや経路	どのような仕組みで作られているか どのような経路を通って送られて来るか
県内外の人々の協力	どのような関係機関や人々の協力の基に 成り立っているか
比較・分類・総合・関連付けして考える例	
事業と人々の生活を**関連付けて**事業が果たす役割を考える	

【第4学年(2)「廃棄物を処理する事業」】

着目して	問いの例
処理の仕組み	廃棄物をどのように集め処理しているか
再利用	再利用にはどのような方法があるか
県内外の人々の協力	どのような関係機関や人々の協力の基に 成り立っているか
比較・分類・総合・関連付けして考える例	
事業と人々の健康や生活環境を**関連付けて** 廃棄物を処理する事業の役割を考える	

【第4学年(3)「自然災害から人々を守る活動」】

着目して	問いの例
過去に発生した　地域の自然災害	県内で過去にどのような自然災害が発生し　どのような被害をもたらしたか
関係機関の協力	被害を減らすために関係機関や人々は　どのように協力しているか
比較・分類・総合・関連付けして考える例	
活動と人々の生活を関連付けて災害から人々を守る活動の働きを考える	

【第4学年(4)「県内の伝統や文化」】

着目して	問いの例
歴史的背景	いつ頃，どのような理由で始まったか
現在に至る経過	どのような経過で現在に至っているか
保存や継承のための取組	人々は保存や継承のためにどのような取組をしているか
比較・分類・総合・関連付けして考える例	
それら（伝統や文化）と人々の願いや努力を関連付けて　文化財や年中行事を受け継ぎ保存していることの意味を考える	

【第4学年(4)「先人の働き」】

着目して	問いの例
当時の世の中の課題	当時の人々の生活や世の中には　どのような課題があったか
人々の願い	人々はどのような願いをもっていたか
比較・分類・総合・関連付けして考える例	
先人の働きと地域の発展や人々の生活の向上を関連付けて　先人が当時の地域や人々の生活の向上に貢献したことを考える	

【第4学年(5)「県内の特色ある地域の様子」】

着目して	問いの例
特色ある地域の位置	どこにどのような特色ある地域があるか ※「伝統的な技術を生かした地場産業が盛んな地域」 ※「国際交流に取り組んでいる地域」 ※「自然環境を保護・活用している地域」 ※「伝統的な文化を保護・活用している地域」
自然環境	その地域はどのような自然環境のところか ※「伝統的な技術を生かした地場産業が盛んな地域」 ※「自然環境を保護・活用している地域」
人々の活動や 産業の歴史的背景	その活動や産業はどのような経緯で始まったか （活動の歴史的背景） ※「国際交流に取り組んでいる地域」 ※「伝統的な文化を保護・活用している地域」 （産業の歴史的背景） ※「伝統的な技術を生かした地場産業が盛んな地域」 ※「自然環境を保護・活用している地域」
人々の協力関係	人々はどのように協力しているか ※「国際交流に取り組んでいる地域」 ※「自然環境を保護・活用している地域」 ※「伝統的な文化を保護・活用している地域」
比較・分類・総合・関連付けして考える例	
特色ある地域の人々の活動や産業とそれらの地域の発展を**関連付け**たり，自分たちの住む地域と**比較**したりして，その地域の特色を考える	

【第5学年⑴「我が国の国土の様子と国民生活―国土の位置・構成・領土の範囲―」】

着目して	問いの例
世界の大陸と主な海洋	（世界にはどんな大陸や海洋があるか）
主な国の位置	（世界の主な国はどこに位置しているか） 我が国は世界のどこに位置しているか
海洋に囲まれ 多数の島からなる 国土の構成	国土はどのような島々から成り立っているか 我が国の領土はどの範囲か
比較・分類・総合・関連付けして考える例	
調べたことを総合して我が国の国土の特色を考える	

【第5学年⑴「我が国の国土の様子と国民生活―国土の地形や気候の概要―」】

着目して	問いの例
地形や気候	我が国の地形や気候にはどのような特色があるか 人々は地形条件や気候条件をどのように生かしているか
比較・分類・総合・関連付けして考える例	
国土の位置と地形や気候を関連付けて国土の特色を考えたり， 国土の自然環境と国民生活の関連を考えたりする	

【第5学年⑵「我が国の農業や水産業における食料生産―食料生産の概要―」】

着目して	問いの例
生産物の種類や分布	どこでどのようなものが生産されているか
生産量の変化	生産量はどのように変化しているか
輸入など外国との関わり	外国とどのような関わりがあるか
比較・分類・総合・関連付けして考える例	
食料生産と国民生活を関連付けて 我が国の食料生産が国民生活に果たす役割を考える	

【第5学年⑵「我が国の農業や水産業における食料生産―稲作・水産業等―」】

着目して	問いの例
生産の工程	食料はどのように生産されているか
人々の協力関係	人々はどのように協力して生産しているか
技術の向上	食料生産の技術はどのように向上してきたか
輸送	食料はどのように運ばれるか
価格や費用	食料の価格はどのように決まるか
比較・分類・総合・関連付けして考える例	
食料生産に関わる人々の工夫や努力とその土地の自然条件や需要を 　　　　　　　関連付けて食料生産に関わる人々の働きを考える	

【第5学年⑶「我が国の工業生産―工業生産の概要―」】

着目して	問いの例
工業の種類	日本はどのような工業が盛んか
工業の盛んな地域の分布	工業の盛んな地域はどのように広がっているか
工業製品の改良	工業製品はどのように改良されてきたか
比較・分類・総合・関連付けして考える例	
工業製品と国民生活を関連付けて 我が国の工業生産が国民生活に果たす役割を考える	

【第5学年⑶「我が国の工業生産―工業生産に関わる人々―」】

着目して	問いの例
製造の工程	工業製品はどのようにしてつくられているか
工場相互の協力関係	工場はどのように関連し合っているか
優れた技術	どのような技術を生かして生産しているか
比較・分類・総合・関連付けして考える例	
工業生産と国民生活を関連付けて工業生産に関わる人々の働きを考える	

【第5学年(3)「我が国の工業生産—貿易と運輸—」】

着目して	問いの例
交通網の広がり	原材料や工業製品はどのような輸送手段で運ばれるか
外国との関わり	我が国の工業は外国とどのような関わりがあるか
比較・分類・総合・関連付けして考える例	
貿易や運輸と工業生産を**関連付けて** 貿易や運輸が工業生産に果たす役割を考える	

【第5学年(4)「我が国の産業と情報との関わり—放送，新聞などの産業—」】

着目して	問いの例
情報を集め発信するまでの 工夫や努力	情報をどのように集めているか どのように選択・加工・整理して国民に伝えているか
比較・分類・総合・関連付けして考える例	
発信された情報と国民生活を**関連付けて** 放送や新聞などの産業が国民生活に果たす役割を考える	

【第5学年(4)「我が国の産業と情報との関わり—産業における情報活用の現状—」】

着目して	問いの例
情報の種類	その産業ではどのような情報を集めているか
情報の活用の仕方	情報をどのように活用しているか
比較・分類・総合・関連付けして考える例	
情報を活用した産業の変化や発展と国民生活を**関連付けて** 情報を生かして発展する産業が国民生活に果たす役割を考える	

【第5学年(5)「我が国の国土の自然環境と国民生活との関連―自然災害―」】

着目して	問いの例
災害の種類や 　　発生の位置や時期	これまでに我が国においてどのような自然災害が， いつどこで発生したか
防災対策	自然災害による被害をどのように減らす対策を とっているか
比較・分類・総合・関連付けして考える例	
自然災害と国土の自然条件を**関連付けて**自然災害が発生する理由や，国や県などの防災・減災に向けた対策や事業の役割を考える	

【第5学年(5)「我が国の国土の自然環境と国民生活との関連―森林資源―」】

着目して	問いの例
森林資源の分布	国土における森林の面積の割合はどれくらいか
森林資源の働き	森林にはどのような働きがあるか
比較・分類・総合・関連付けして考える例	
森林と国土保全や国民生活を**関連付けて** 森林資源の果たす役割や森林資源を保護していくことの大切さを考える	

【第5学年(5)「我が国の国土の自然環境と国民生活との関連―公害の防止―」】

着目して	問いの例
公害の発生時期	どのような公害がいつごろ発生したか
公害の経過	どのように広がり，その後どのように改善したか
人々の協力や努力	人々はどのように協力してきたか
比較・分類・総合・関連付けして考える例	
公害防止の取組と国土の環境や国民の健康な生活を**関連付けて** 公害防止の継続的，協力的な取組の大切さを考える	

【第6学年(1)「我が国の政治の働き―我が国の民主政治―」】

着目して	問いの例
日本国憲法の 　　基本的な考え方	日本国憲法の基本的な考え方はどのようなものか 国会，内閣，裁判はそれぞれ 　　　　　　　　　　どのような役割を果たしているか 国会，内閣，裁判所はどのように関連しているか
比較・分類・総合・関連付けして考える例	
日本国憲法と国民生活，国会，内閣，裁判所と国民を 　　　　それぞれ**関連付けて**日本国憲法の特色や役割を考える	

【第6学年(1)「我が国の政治の働き―国や地方公共団体の政治の取組―」】

着目して	問いの例
政策の内容	どのような内容の政策か
計画から実施までの過程	どのような過程を経て実施されたか
法令や予算との関わり	どのような法令に基づいているか 予算はどのように決められるか
比較・分類・総合・関連付けして考える例	
取組と国民生活を**関連付けて**政治の働きを考える	

【第6学年(2)「我が国の歴史上の主な事象」】

着目して	問いの例
世の中の様子	いつから始まったか どのような世の中だったか どのように発展したか
人物の働き	その人物はどのようなことをしたか なぜそうしたか 社会や人々にどのような影響を与えたか
代表的な文化遺産	誰がいつ頃作ったか 何のために作ったか 歴史上どのような意味や価値があるか
比較・分類・総合・関連付けして考える例	
調べた歴史上の主な事象を**関連付けたり総合したりして**，世の中の様子や国家・社会の変化，歴史の展開や歴史を学ぶ意味を考える	

【第6学年(3)「グローバル化する世界と日本の役割―国際交流―」】

着目して	問いの例
外国の人々の生活の様子	その国の人々の生活や文化には 　　　　　　　どのような特色があるか その国の人々の生活にはどのような習慣が見られるか
比較・分類・総合・関連付けして考える例	
世界の国々の文化や習慣は多様であることとスポーツや文化などを通して他国と交流することを**関連付けて**，異なる文化を相互に理解するために果たしている国際交流の役割を考える	

【第6学年(3)「グローバル化する世界と日本の役割―国際協力―」】

着目して	問いの例
地球規模で発生している課題の解決に向けた連携・協力	世界ではどのような課題が発生しているか 国際連合や我が国は課題を解決するために 　　　　　　　どのような連携や協力を行っているか
比較・分類・総合・関連付けして考える例	
地球規模で発生している課題とその解決のための連携や協力の様子を 　　　　　　　**関連付けて**，我が国が果たしている役割を考える	

❸ 学習指導要領を基に単元で教材研究を行う

(1) 学習指導要領を読んで分析する

　社会科の授業づくりにおいて，教師の教材研究が重要であることは間違いないことです。なぜなら，社会科は，具体的な事例を通して社会を学ぶ教科であり，授業でどんな社会的事象と出合わせるか，どんな具体的な事例を扱うのかは教師の教材研究にかかっているからです。

　その教材研究の第1歩として行いたいことは，学習指導要領を読んで，扱う内容について分析することです。授業を行う内容について理解することなく教材研究にあたっても，実際に学習指導要領に基づく授業につながらないからです。つまり，内容理解のないままでは，教材研究自体に取りかかることができないということです。教師による教材研究は，学習指導要領を読んで分析することから始まるのです。

　第1章❶で既に説明したとおり，構造的に示された学習指導要領を

Ｅなどに着目して，Ｃなどで調べ，Ｄなどにまとめて，Ｆを捉え，
Ｇを考え，表現することを通して，Ｂを理解すること

Ｅなどに着目して，…何について調べるのか
Ｃなどで調べ，Ｄなどにまとめて…どのように調べ，
　　　　　　　　　　　　　　　　　どのようにまとめるのか
Ｆを捉え，Ｇを考え，…何を捉えるのか，何について考えるのか
Ｂを理解すること…この単元で理解すること何か

と読み替えることで，「何について調べるのか」「どのように調べるのか」「どのようにまとめるのか」「何を捉えるのか」「何について考えるのか」「この単元で理解することは何か」を読み取ることができ，教材研究の方向性が見えてきます。読み替えて理解をした上で教材研究を行い，具体的な事例の教材化を図っていくとよいのです（詳細は p.14参照）。

44

　さらに，【第4学年(4)「先人の働き」】を例に詳しく「解説」を読んでみましょう。

ア　(イ)　地域の発展に尽くした先人は，様々な苦心や努力により当時の生活の向上に貢献したことを理解すること。

　　(ウ)　見学・調査したり地図などの資料で調べたりして，年表などにまとめること。

イ　(イ)　当時の世の中の課題や人々の願いなどに着目して，地域の発展に尽くした先人の具体的事例を捉え，先人の働きを考え，表現すること。

　アの(イ)の地域の発展に尽くした先人は，様々な苦心や努力により当時の生活の向上に貢献したことを理解することとは，
開発，教育，医療，文化，産業などにおいて地域の発展に尽くした先人について，それらの先人は様々な苦心や努力を重ねて業績を成し遂げたことや，その苦心や努力が当時の人々の生活の向上や地域の発展に大きく貢献したことなどを基に，先人の働きについて理解することである。

　イの(イ)の当時の世の中の課題や人々の願いなどに着目して，地域の発展に尽くした先人の具体的事例を捉え，先人の働きを考え，表現することとは，社会的事象の見方・考え方を働かせ，地域の発展に尽くした先人の具体的事例について，例えば，当時の人々の生活や世の中にはどのような課題があったか，人々はどのような願いをもっていたかなどの問いを設けて調べたり，先人の働きと地域の発展や人々の生活の向上を関連付けて考えたりして，調べたことや考えたことを表現することである。

　当時の世の中の課題に着目するとは，先人が活躍した当時の世の中の様子や先人の働きが必要とされた背景について調べることである。

　人々の願いに着目するとは，当時の人々の生活の向上や地域の発展への願いと先人の苦心や努力を関連付けて調べることである。

（「解説」　p.63・64）

今回の改訂に合わせて編集された「解説」は，詳細に記されています。読み込むと単元展開のイメージ，内容理解，教材研究の方向性などがわかります。この単元では，

　　①当時の世の中の課題や人々の願いなど（課題は何か，人々の願いは何か）

　　②地域の発展に尽くした先人の具体的事例（先人は誰か，苦心や努力は）

　　③先人の働き・業績（取組の前後は（変化），貢献は）

　　④当時の生活の向上に貢献（人々の生活の向上・地域の変化，発展）

について，教材研究し分析していくことが必要であることがわかります。次ページの図は，東京都の教材「玉川上水の開発」を例示しています。

(2)　教材研究し，分析する

　学習指導要領を読んで分析したら，実際に教材研究に入ります。ここは，教師が実際に，教科書や資料集，本や実物にあたったり，資料館や博物館に行ったり，詳しい方に話を聞いたりいろいろな方法で資料を集めます。まずは，教師自身が，見学・調査活動したり，資料の読み取りをしたりする，そんなイメージです。まさに，子供たちより先に教師自らが問題解決を図る，そう言えるでしょう。集めてきた資料は，そのままでは授業で活用できないので，分析することが必要です。今回は，具体的な教材の開発・吟味の視点についての説明を省略しますが，全国小学校社会科研究協議会研究大会や各地区の研究大会から共通するポイントを整理して示すと次のようなことが言えます。以下に示す２点は社会科の教材としては，大前提の条件と言えるかもしれません。

○子供たちが，社会的事象に対して，「自分事」として関心をもち，関わり方を考えていくことができるように，「自分事」として捉えられる教材の開発・吟味が大切であること。

○人の働きが見えるもの。人を登場させて，人の働きを共感的に捉え，考えることが大切であること。

この単元（内容）について教材化を図る上で，分析しておきたいこと

①当時の世の中の課題や人々の願いなど（着目）

　課題は何か，人々の願いは何か，

　　　　　→先人の働きが必要とされた背景

②地域の発展に尽くした先人の具体的事例（捉える）

　先人は誰か（人物），何をどうしたのか，苦心や努力は？

③先人の働き（考える）業績

　前後は（変化）？貢献は？

　　　　　→先人の働き＝課題の解決，願いの実現

④当時の生活の向上に貢献（理解）

　先人の働きと地域の発展や人々の生活の向上とを

　　　　　　　　　　　　　　　　　　　　関連付けて考える

　　　→先人の働き＝課題の解決，願いの実現

　　　　　　　　　　人々の生活の向上，地域の発展

例：「玉川上水の開発」（東京都）

①当時の世の中の課題や人々の願いなど（着目）

　　○当時の課題←人々の強い解決への願い　　**重要**

②地域の発展に尽くした先人の具体的事例（捉える）

　　○課題解決のため登場する人物

　　○たいへんな苦心や努力

③先人の働き（考える）業績

　　○たいへんな苦心や努力を重ねて解決

④当時の生活の向上に貢献（理解）

　　○先人の働きと地域の発展や人々の生活の向上

江戸の急激な人口増
深刻な水不足→
急いで解決を

玉川兄弟
・多摩川から
　　　　　　　水を引く
・二度の失敗
・資金がなくなる
・約43km
・高低差があまりない
・測量技術
・8ヶ月で完成

江戸に水道管を配置（地下）
→幕末まで水不足解消
分水→新田開発，村，
　　　上水沿いの地域も発展

(3) 学習指導要領とすり合わせる

　学習指導要領を読み込み，内容を分析して理解し，教材の開発・吟味に取り組んだら，次は，**学習指導要領とすり合わせる**ことが大切です。もし，これで対応していなければ教材化は難しいでしょう。この過程を丁寧に行うことで，教材化が図られ，学習指導要領に基づく授業が展開できることになります。

　最後に整理すると，以下のようになります。

　①学習指導要領を読んで分析する

　②教材を開発したら，吟味する

　③学習指導要領の内容ときちんとすり合わせる

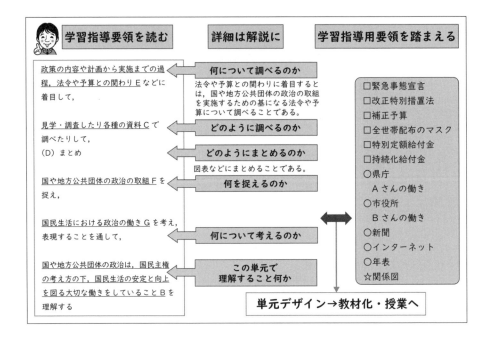

第 **2** 章

学習評価を考え，
単元のイメージをもつ

> 　目標と評価規準をセットで考えることが，実は，単元をイメージすることである。

❶　子供一人一人の良さを積極的に見取る

　学習評価を学習指導に生かしていくためには，その意義や方法を十分に理解することが大切です。まず，学習評価の意義を確認しておきましょう。

　学習評価は，学校における教育活動に関し，子供たちの学習状況を評価するものです。「『子供たちにどういった力が身に付いたか』という学習の成果を的確に捉え，教員が指導の改善を図るとともに，子供たち自身が自らの学びを振り返って次の学びに向かうことができるようにするためには，この学習評価の在り方が極めて重要であり，教育課程や学習・指導方法の改善と一貫性を持った形で改善を進めることが求められる」こと（中央教育審議会「幼稚園，小学校，中学校，高等学校及び特別支援学校の学習指導要領等の改善及び必要な方策等について（答申）」2016）が重要です。

　つまり，学習評価には，子どもの学習状況を的確に捉えて評価することにより，「子どもたちの学習改善」につながるようにする側面と「教師の指導改善」につながるようにする側面という２つの意義があることがわかります。

　さらに，「小学校学習指導要領（平成29年告示）総則編 解説」第３章第３節２「学習評価の充実」の(1)では，「児童のよい点や進歩の状況などを積極的に評価し，学習したことの意義や価値を実感できるようにすること。また，各教科等の目標の実現に向けた学習状況を把握する観点から，**単元や題材など内容や時間のまとまりを見通し**ながら評価の場面や方法を工夫して，学習の過程や成果を評価し，指導の改善や学習意欲の向上を図り，資質・能力の育成に生かすようにすること。」と示されています。

　評価に当たっては，いわゆる評価のための評価に終わることなく，教師が児童のよい点や進歩の状況などを積極的に評価し，児童が学習したことの意

学習評価とは（学習評価の意義）

<u>学習評価は，学校における教育活動に関し，子供たちの
学習状況を評価するものである。</u>

中央教育審議会「幼稚園，小学校，中学校，高等学校及び特別支援学校の学習指導要領等の改善及び必要
な方策等について（答申）」2016 年，第１部第９章

<u>「子供たちにどういった力が身に付いたか」という学習の成果を的確に捉え，
教員が指導の改善を図るとともに，子供たち自身が自らの学びを振り返って
次の学びに向かうことができるようにするためには，この学習評価の在り方
が極めて重要であり，教育課程や学習・指導方法の改善と一貫性を持った形
で改善を進めることが求められる」</u>

> つまり，学習評価には，
> 子どもの学習状況を的確に捉えて評価することにより，
> **「子どもたちの学習改善」につながるようにする側面**と
> **「教師の指導改善」につながるようにする側面**
> という２つの意義がある

主体的・対話的で深い学びの視点からの
授業改善と学習評価

　指導と評価の一体化を図るためには，児童生徒一人一人の学習の
成立を促すための評価という視点を一層重視し，教師が自らの指導
のねらいに応じて授業での児童生徒の学びを振り返り，学習や指導
の改善に生かしていくことが大切である。

　すなわち，<u>平成 29 年改訂学習指導要領で重視している「主体的・
対話的で深い学び」の視点からの授業改善を通して各教科等におけ
る資質・能力を確実に育成する上で，</u>**学習評価は重要な役割を担っ
ている。**

国立教育政策研究所教育課程研究センター『「指導と評価の一体化」のための学習評価に関する参考資料
小学校社会』東洋館出版社，2020 年，p.5

義や価値を実感できるようにすることで，自分自身の目標や課題をもって学習を進めていけるように行うことが大切なことなのです。

　中央教育審議会初等中等教育分科会教育課程部会「児童生徒の学習評価の在り方について（報告）」(2019) では，これまでの学習評価について指摘されている課題を5つに整理して示すとともに，学習評価を真に意味のあるものとするため，その在り方を3点で示しています。

　ここでも，**学習評価は，「児童の学習改善」につながる側面と「教師の指導改善」につながる側面が重要であること**がまとめられているのです。

　では，「児童の学習改善」や「教師の指導改善」につながる，とは，どのようなイメージをもてばいいのでしょうか。実は，難しいことではなく，普段，授業中に行っていることと同じイメージで考えることができます。

　　授業場面をイメージしてみてください！

　例えば，地図帳を活用して，各自調べ活動をしている場面とします。教師は，机間指導などをしながら，学習状況を確認していきます。そのとき，A児は学習が進んでいないことに気付きます。教師は，A児が地図帳の活用ができず困っている様子を捉えます。そこで，A児に地図帳の活用の仕方を指導します。その結果，A児は地図帳を活用して，調べる活動を進めることができました。A児の学習が改善されたのです。これが「児童の学習改善」の例です。教師は，**子供たちの学習状況を捉えて，（個別に）必要な指導を行った**，ということです。

　また，今度は，自分が発問をしたときに，子供たちの反応が思わしくない，伝わっていない，という場面です。そのとき，教師である私は，「ごめんなさい，私の言い方がよくなかったね。もう一度，言いますね。……」と発問を修正します。すると，子供たちは，発問の意味を理解して，学習が進む。これが「教師の指導改善」の例です。教師は，**子供たちの学習状況を捉え，指導の改善を行った**，ということです。共通しているのは，どちらも**子供の学習状況を捉え，必要な指導を行う**，ということです。

学習評価について指摘されている課題

・学期末や学年末などの事後での評価に終始してしまうことが多く，評価の結果が児童生徒の具体的な学習改善につながっていない

・現行の「関心・意欲・態度」の観点について，挙手の回数や毎時間ノートを取っているかなど，性格や行動面の傾向が一時的に表出された場面を捉える評価であるような誤解が払拭し切れていない

・教師によって評価の方針が異なり，学習改善につなげにくい

・教師が評価のための「記録」に労力を割かれて，指導に注力できない

・相当な労力をかけて記述した指導要録が，次学年や次学校段階において十分に活用されていない

中央教育審議会 初等中等教育分科会，2019

学習評価の改善の基本的な方向性

　学習指導要領改訂の趣旨を実現するためには，学習評価の在り方が極めて重要。学習評価を真に意味のあるものとし，指導と評価の一体化を実現することがますます求められている。

①児童生徒の学習改善につながるものとすること。

②教師の指導改善につながるものとすること。

③これまで慣行として行われてきたことでも，必要性・妥当性が認められないものは見直していくこと。

国立教育政策研究所教育課程研究センター『「指導と評価の一体化」のための学習評価に関する参考資料　小学校社会』2022 年，東洋館出版社，p.5

❷ 目標と評価規準をセットで考える

　学習評価を考える，つまり，「単元の目標」と「単元の評価規準」をセットで考えることは，社会科の学習を「**単元で考える**」ことと言えます。

　「**単元で考える**」授業づくりで，まず，行うのは「単元の目標」をつくることです。「単元の目標」とは，この単元で育成を目指す資質・能力で，この単元を通して最終的に育成をしたい子供の姿，単元のゴールということができます。この「単元の目標」が，単元の授業の方向性や展開を決定づけるのです。「単元の目標」が明確になれば，「単元を通して，どのような活動をして，どのような資質・能力を育成しようとするか」が明確になるからです。

　例えば，『「指導と評価の一体化」のための学習評価に関する参考資料　小学校社会』（国立教育政策研究所教育課程研究センター，東洋館出版社，2022年）には，以下のような「単元の目標」を例示しています。

第４学年(2)「廃棄物を処理する事業」
　廃棄物を処理する事業について，処理の仕組みや再利用，県内外の人々の協力などに着目して，見学・調査したり地図などの資料で調べたりしてまとめ，廃棄物の処理のための事業の様子を捉え，その事業の果たす役割を考え，表現することを通して，廃棄物を処理する事業は，衛生的な処理や資源の有効利用ができるよう進められていることや，生活環境の維持と向上に役立っていることを理解できるようにするとともに，主体的に学習問題を追究・解決し，学習したことを基に地域社会の一員として自分たちが協力できることを考えようとする態度を養う。

　この示し方は１つの例ですが，「学習の問題を追究・解決する活動を通して，次の事項を身に付けることができるよう指導する」を受けて，学習展開を考慮し，社会的事象の見方・考え方を働かせ，問題解決を図る社会科の学習過程をイメージして，つなげて表しているものです。そう考えると，「**単元で考える**」授業づくりがイメージしやすくなる，とも言えます。これは，第１章で説明した「学習指導要領の読み方」と同じです。

単元の目標と単元の評価規準をセットで考える ＝単元で考える（単元をデザインすること）

単元の目標（内容）

・目標，内容分析→評価を描く
・見方・考え方

まず，単元の目標を設定する

単元の目標の設定と評価規準の設定（学習評価）が重要
＝単元で考える（単元をデザインする）ということ

【単元の目標】…この単元のゴール（実現を目指す）
　　　　　　　この単元で育成を目指す資質・能力
【単元の評価規準】…単元の目標の実現を目指すために，
　　　　　　　　　　単元を通して見取る子供の具体的な姿
※単元の目標の実現を目指す子供の具体的な姿を単元を通して描くことが単元の評価規準（「**単元で考える**」こと）

次に，評価規準を設定する

単元の評価規準…
単元を通して見取る具体的な子供の姿

単元のまとめ
単元の学習評価

・子供の具体的な姿を想定できるか
・評価規準→目標の実現になるのか

【単元の目標】

　廃棄物を処理する事業について，処理の仕組みや再利用，県内外の人々の協力などに着目して，見学・調査したり地図などの資料で調べたりしてまとめ，廃棄物の処理のための事業の様子を捉え，その事業の果たす役割を考え，表現することを通して，廃棄物を処理する事業は，衛生的な処理や資源の有効利用ができるよう進められていることや，生活環境の維持と向上に役立っていることを理解できるようにするとともに，主体的に学習問題を追究・解決し，学習したことを基に地域社会の一員として自分たちが協力できることを考えようとする態度を養う。

【単元の評価規準】　目標と評価規準をセットで描く⇒単元デザインができる

知識・技能	思考・判断・表現	主体的に学習に取り組む態度
①処理の仕組みや再利用，県内外の人々の協力などについて，見学・調査したり地図などの資料で調べたりして，必要な情報を集め，読み取り，廃棄物の処理のための事業の様子を理解している。　**調べてわかる**	①処理の仕組みや再利用，県内外の人々の協力などに着目して，問いを見いだし，廃棄物の処理のための事業の様子について考え表現している。　**着目して問いを見いだす**	①廃棄物を処理する事業について，予想や学習計画を立て，学習を振り返ったり見直したりして，学習問題を追究し，解決しようとしている。　**主体的な問題解決**
②調べたことを白地図や図表，文などにまとめ，廃棄物を処理する事業は，衛生的な処理や資源の有効利用ができるよう進められていることや，生活環境の維持と向上に役立っていることを理解している。　**まとめてわかる**	②廃棄物を処理する仕組みや人々の協力関係と地域の良好な生活環境を関連付けて廃棄物の処理のための事業の果たす役割を考えたり，学習したことを基にごみを減らすために，自分たちが協力できることを考えたり選択・判断したりして表現している。　**考えたり，選択・判断したりする**	②学習したことを基にごみを減らすために，自分たちが協力できることを考えようとしている。　**よりよい社会を考えようとする**

「単元の目標」が決まれば，その次は，単元で行う学習評価を考えることになります。これが，「単元の評価規準」です。評価は，目標に準拠するものですから，「単元の目標」と「単元の評価規準」はセットで考えます。「単元の評価規準」とは，「単元の目標」の実現のために，教師が単元を通して，どのような子供の姿を捉えればよいのか，を具体的に示したもの，と考えることができます。これは，まさに「**単元で考える**」こと，と言えます。

　例えば，「単元の目標」に合わせて「単元の評価規準」を作成すると以下のようになります（評価規準作成のポイントは❸で詳細を説明する）。

第4学年(2)「廃棄物を処理する事業」の評価規準の設定例

『学習評価に関する参考資料』p.44

知識・技能	思考・判断・表現	主体的に学習に取り組む態度
①処理の仕組みや再利用，県内外の人々の協力などについて，見学・調査したり地図などの資料で調べたりして，必要な情報を集め，読み取り，廃棄物の処理のための事業の様子を理解している。 ②調べたことを白地図や図表，文などにまとめ，廃棄物を処理する事業は，衛生的な処理や資源の有効利用ができるよう進められていることや，生活環境の維持と向上に役立っていることを理解している。	①処理の仕組みや再利用，県内外の人々の協力などに着目して，問いを見いだし，廃棄物の処理のための事業の様子について考え表現している。 ②廃棄物を処理する仕組みや人々の協力関係と地域の良好な生活環境を関連付けて廃棄物の処理のための事業の果たす役割を考えたり，学習したことを基にごみを減らすために，自分たちが協力できることを考えたり選択・判断したりして表現している。	①廃棄物を処理する事業について，予想や学習計画を立て，学習を振り返ったり見直したりして，学習問題を追究し，解決しようとしている。 ②学習したことを基にごみを減らすために，自分たちが協力できることを考えようとしている。

　各評価の観点ごとに①②について単元を通して捉えていきます。それぞれの実現状況を捉えられる段階で行い，最終的に単元を通して全観点の学習状況を見取ることになります。評価規準は，学習過程に沿って設定されているので，評価規準を単純に並べ替えてみても，単元の展開イメージがつかめます。このように「単元の目標」と「単元の評価規準」をセットで考えることは，必然的に社会科の学習を「**単元で考える**」ことになるのです。

単純に並べてみると……

評価規準	観点
①処理の仕組みや再利用，県内外の人々の協力などに**着目して，問いを見いだし**，廃棄物の処理のための事業の様子について考え表現している。	**思考・判断・表現** 着目して問いを見いだす
①廃棄物を処理する事業について，**予想や学習計画を立てたり**，振り返ったり見直したりして，主体的に学習問題を追究し，解決しようとしている。	**主体的に学習に取り組む態度** 見通しをもつ
①処理の仕組みや再利用，県内外の人々の協力などについて見学・調査したり地図などの資料などで**調べたりして**，必要な情報を集め，読み取り，廃棄物の処理のための**事業の様子を理解している。**	**知識・技能** 調べてわかる
①廃棄物を処理する事業について，予想や学習計画を立てたり，**振り返ったり見直したりして**，主体的に学習問題を追究し，解決しようとしている。	**主体的に学習に取り組む態度** 振り返ったり見直したりする
②廃棄物を処理する仕組みや人々の協力関係と地域の良好な生活環境を**関連付けて**廃棄物の処理のための事業の果たす役割を**考えたり**，学習したことを基に，ごみを減らすために，**自分たちが協力できることを考えたり選択・断したりして表現している。**	**思考・判断・表現** 考えたり，選択・判断したりする
②調べたことを白地図や図表，文などに**まとめ**，廃棄物を処理する事業は，衛生的な処理や資源の有効利用ができるよう進められていることや，生活環境の維持と向上に役立っていることを**理解している。**	**知識・技能** まとめてわかる
②**学習したことを基に**ごみを減らすために，**自分たちが協力できることを考えよう**としている。	**主体的に学習に取り組む態度** よりよい社会を考えようとする

知識・技能

①処理の仕組みや再利用，県内外の人々の協力などについて，見学・調査したり地図などの資料で調べたりして，必要な情報を集め，読み取り，廃棄物の処理のための事業の様子を理解している。　調べてわかる

②調べたことを白地図や図表，文などにまとめ，廃棄物を処理する事業は，衛生的な処理や資源の有効利用ができるよう進められていることや，生活環境の維持と向上に役立っていることを理解している。　まとめてわかる

思考・判断・表現

①処理の仕組みや再利用，県内外の人々の協力などに着目して，問いを見いだし，廃棄物の処理のための事業の様子について考え表現している。　着目して問いを見いだす

②廃棄物を処理する仕組みや人々の協力関係と地域の良好な生活環境を関連付けて廃棄物の処理のための事業の果たす役割を考えたり，学習したことを基にごみを減らすために，自分たちが協力できることを考えた選択・判断したりして表現している。　考えたり，選択・判断したりする

主体的に学習に取り組む態度

①廃棄物を処理する事業について，予想や学習計画を立てたり，学習問題を追究し，解決しようとしている。　主体的な問題解決：見通し・振り返り・見直し

②学習したことを基にごみを減らすために，自分たちが協力できることを考えようとしている。　よりよい社会を考えようとする：社会的な態度

単元を通して，全観点の学習状況を見取る
それぞれの実現状況を把握できる段階で行う

ねらい	主な学習活動		学習評価	
①学習問題をつくることができるようにする	○ごみのゆくえを話し合い，学習問題を作る		思ー①	問いを見いだす
②学習計画を立てることができる	○解決に向けて予想する，学習計画を立てる		態ー①	予想や学習計画
③④調べることができるようにする	○清掃工場の見学をして調べる		知ー①	調べてわかる
⑤調べることができるようにする	○各種資料で調べる		知ー①	調べてわかる
⑥まとめ，見直すことができるようにする	○まとめる。さらに調べることを見いだす		態ー①	見直したりする
⑦考え表現することができるようにする	○計画的な取り組みについて考える		思ー①	考え表現する
⑧考え表現することができるようにする	○関連付け，役割を考え表現する		思ー②	関連付けて考える
⑨図や文にまとめることができるようにする	○ごみ処理の仕組み等を図や文にまとめる		知ー②	まとめてわかる
⑩考え，協力できることを考えようとする	○自分のできることを考えまとめる	選択・判断	思ー② 態ー②	社会的な態度

❸ 小学校社会科の学習評価の改善について理解する

(1) 評価の観点とその趣旨を理解する

① 評価の観点や基本的な考え方

　学習指導要領（平成29年告示）では，各教科等の目標や内容が「知識及び技能」「思考力，判断力，表現力等」「学びに向かう力，人間性等」の資質・能力の三つの柱で整理されました。学習指導要領の下での指導と評価の一体化を推進する観点から，観点別学習状況の評価の観点についても，これらの資質・能力に関わる「知識・技能」「思考・判断・表現」「主体的に学習に取り組む態度」の三観点に整理されました。この中で，「学びに向かう力，人間性等」については，「主体的に学習に取り組む態度」として観点別学習状況の評価を通じて見取ることができる部分と，観点別学習状況の評価にはなじまず個人内評価等を通じて見取る部分があることに留意する必要があることを明確にしました。

　この学習評価の基本的な考え方を受け，社会科においても，目標に準拠して，三観点による観点別学習状況の評価を行うことになります。

　「知識・技能」については，これまで社会的事象の様子や働き，特色及び相互の関連を理解しているかを評価していた「社会的事象についての知識・理解」と社会的事象を的確に観察，調査したり，各種の資料を効果的に活用したりして，必要な情報をまとめているかを評価していた「観察・資料活用の技能」が対象としていた内容を引き継ぐことになります。

　「思考・判断・表現」については，知識及び技能を活用して課題を解決する等のために必要な思考力，判断力，表現力等を身に付けているかを評価するものであり，これまでの「社会的な思考・判断・表現」の観点における考え方と同様です。

　「主体的に学習に取り組む態度」については，これまでの「社会的事象への関心・意欲・態度」の観点における考え方を引き継ぎつつ，さらに知識及び技能の獲得や思考力，判断力，表現力等を身に付けることに向けた粘り強

知識・技能の考え方

これまで社会的事象の様子や働き，特色及び相互の関連を理解しているかを評価していた
「社会的事象についての知識・理解」と
社会的事象を的確に観察，調査したり，各種の資料を効果的に活用したりして，必要な情報をまとめているかを評価していた
「観察・資料活用の技能」
が対象としていた内容を引き継ぐことになる。

思考・判断・表現の考え方

知識及び技能を活用して課題を解決する等のために必要な思考力，判断力，表現力等を身に付けているかを評価するものであり，これまでの
「社会的な思考・判断・表現」
の観点における考え方と同様である。

主体的に学習に取り組む態度の考え方

これまでの「社会的事象への関心・意欲・態度」の観点における考え方を引き継ぎつつ，
さらに知識及び技能の獲得や思考力，判断力，表現力等を身に付けることに向けた粘り強い取組の中で，自らの学習を調整しようとしているかを含めて評価する。

また，「地域社会に対する誇りと愛情，地域社会の一員としての自覚，我が国の国土と歴史に対する愛情，我が国の将来を担う国民としての自覚，世界の国々の人々と共に生きていくことの大切さについての自覚など」については，社会的事象についての多角的な思考や理解を通して涵養し，長期的に子供の学習状況を見取ることが重要となる。

い取組の中で，自らの学習を調整しようとしているかを含めて評価します。また，「地域社会に対する誇りと愛情，地域社会の一員としての自覚，我が国の国土と歴史に対する愛情，我が国の将来を担う国民としての自覚，世界の国々の人々と共に生きていくことの大切さについての自覚など」については，社会的事象についての多角的な思考や理解を通して涵養し，長期的に子供の学習状況を見取ることが重要となります。

② 評価の観点の趣旨

【知識・技能】

　社会科の学習を通して子供が獲得する知識とは，例えば，用語などはもとより資料などで調べてわかる社会的事象の様子についての具体的な知識と調べてまとめたものを基にして考えてわかる汎用性のある概念的な知識のことであり，これらは，地域や我が国の地理的環境，地域や我が国の歴史や伝統と文化，現代社会の仕組みや働きを通して，「**社会生活についての総合的な理解を図るためのもの**」です。また，子供が身に付ける技能とは，具体的には，調査活動や諸資料の活用など手段を考えて問題解決に必要な社会的事象に関する情報を**集める技能**，集めた情報を「社会的事象の見方・考え方」に沿って**読み取る技能**，読み取った情報を問題解決に沿って**まとめる技能**などであると考えられます。

【思考・判断・表現】

　社会科の学習を通して，子供たちが身に付ける思考力，判断力，表現力は，**社会的事象の特色や相互の関連，意味を多角的に考える力，社会に見られる課題を把握して，その解決に向けて社会への関わり方を選択・判断する力**であり，**考えたことや選択・判断したことを適切に表現する力**です。

【主体的に学習に取り組む態度】

　社会科の学習を通して身に付ける態度は，教科目標に基づいて考えると，「**よりよい社会を考え主体的に問題解決しようとする態度**」となります。また，「地域社会に対する誇りと愛情，地域社会の一員としての自覚，我が国

小学校社会の目標と観点の趣旨

観点の趣旨については，児童が資質・能力を身に付けた姿を現す＝目標の文末を「〜している」と変換

【小学校学習指導要領 第2章 第2節 社会「第1 目標」】

社会的な見方・考え方を働かせ，課題を追究したり解決したりする活動を通して，グローバル化する国際社会に主体的に生きる平和で民主的な国家及び社会の形成者に必要な公民としての資質・能力の基礎を次のとおり育成することを目指す。

(1)	(2)	(3)
地域や我が国の国土の地理的環境，現代社会の仕組みや働き，地域や我が国の歴史や伝統と文化を通して社会生活について理解するとともに，様々な資料や調査活動を通して情報を適切に調べまとめる技能を身に付けるようにする。	社会的事象の特色や相互の関連，意味を多角的に考えたり，社会に見られる課題を把握して，その解決に向けて社会への関わり方を選択・判断したりする力，考えたことや選択・判断したことを適切に表現する力を養う。	社会的事象について，よりよい社会を考え主体的に問題解決しようとする態度を養うとともに，多角的な思考や理解を通して，地域社会に対する誇りと愛情，地域社会の一員としての自覚，我が国の国土と歴史に対する愛情，我が国の将来を担う国民としての自覚，世界の国々の人々と共に生きていくことの大切さについての自覚などを養う。

【改善等通知 別紙4 社会(1)評価の観点及びその趣旨〈小学校 社会〉】

知識・技能	思考・判断・表現	主体的に学習に取り組む態度
地域や我が国の国土の地理的環境，現代社会の仕組みや働き，地域や我が国の歴史や伝統と文化を通して社会生活について理解しているとともに，様々な資料や調査活動を通して情報を適切に調べまとめている。	社会的事象の特色や相互の関連，意味を多角的に考えたり，社会に見られる課題を把握して，その解決に向けて社会への関わり方を選択・判断したり，考えたことや選択・判断したことを適切に表現したりしている。	社会的事象について，国家及び社会の担い手として，よりよい社会を考え主体的に問題解決しようとしている。

例：第4学年の目標と観点の趣旨

観点の趣旨については，児童が資質・能力を身に付けた姿を現す＝目標の文末を「〜している」と変換

【小学校学習指導要領 第2章 第2節 社会
　　　　「第2 各学年の目標及び内容〔第4学年〕1 目標】

社会的事象の見方・考え方を働かせ，学習の問題を追究・解決する活動を通して，次のとおり資質・能力を育成することを目指す。

(1)	(2)	(3)
自分たちの都道府県の地理的環境の特色，地域の人々の健康と生活環境を支える働きや自然災害から地域の安全を守るための諸活動，地域の伝統と文化や地域の発展に尽くした先人の働きなどについて，人々の生活との関連を踏まえて理解するとともに，調査活動，地図帳や各種の具体的資料を通して，必要な情報を調べまとめる技能を身に付けるようにする。	社会的事象の特色や相互の関連，意味を考える力，社会に見られる課題を把握して，その解決に向けて社会への関わり方を選択・判断する力，考えたことや選択・判断したことを表現する力を養う。	社会的事象について，主体的に学習の問題を解決しようとする態度や，よりよい社会を考え学習したことを社会生活に生かそうとする態度を養うとともに，思考や理解を通して，地域社会に対する誇りと愛情，地域社会の一員としての自覚を養う。

【改善等通知 別紙4 社会(2)学年・分野別の評価の観点の趣旨〈小学校 社会〉第4学年】

知識・技能	思考・判断・表現	主体的に学習に取り組む態度
自分たちの都道府県の地理的環境の特色，地域の人々の健康と生活環境を支える働きや自然災害から地域の安全を守るための諸活動，地域の伝統と文化や地域の発展に尽くした先人の働きなどについて，人々の生活との関連を踏まえて理解しているとともに，調査活動，地図帳や各種の具体的資料を通して，必要な情報を調べまとめている。	地域における社会的事象の特色や相互の関連，意味を考えたり，社会に見られる課題を把握して，その解決に向けて社会への関わり方を選択・判断したり，考えたことや選択・判断したことを表現したりしている。	地域における社会的事象について，地域社会に対する誇りと愛情をもつ地域社会の将来の担い手として，主体的に問題解決しようとしたり，よりよい社会を考え学習したことを社会生活に生かそうとしたりしている。

の国土と歴史に対する愛情，我が国の将来を担う国民としての自覚，世界の国々の人々と共に生きていくことの大切さについての自覚など」については，社会的事象についての多角的な思考や理解を通して涵養されるものであり，長期的に子どもの学習状況を見取ることが重要となります。

　小学校社会科においては，目標を踏まえて，以上のような考え方の基，次のように評価の観点と趣旨を示しています。

観点	趣旨
知識・技能	地域や我が国の国土の地理的環境，現代社会の仕組みや働き，地域や我が国の歴史や伝統と文化を通して社会生活について理解しているとともに，様々な資料や調査活動を通して情報を適切に調べまとめている。
思考・判断・表現	社会的事象の特色や相互の関連，意味を多角的に考えたり，社会に見られる課題を把握して，その解決に向けて社会への関わり方を選択・判断したり，考えたことや選択・判断したことを適切に表現したりしている。
主体的に学習に取り組む態度	社会的事象について，国家及び社会の担い手として，よりよい社会を考え主体的に問題解決しようとしている。

　また，社会科の観点と趣旨の詳細は，『初等教育資料 2019年6月号』（文部科学省），「社会科における学習評価の改善のポイント」，「評価の観点及びその趣旨」及び「学年別の評価の観点の趣旨」は，「小学校，中学校，高等学校及び特別支援学校等における児童生徒の学習評価及び指導要録の改善等について（通知）」（初等中等教育局長通知，2019）を参照してください。

(2) 単元の評価規準を作る

　小学校の社会科においては，学習指導要領に示された「**内容のまとまり**」は，複数の内容に分かれ，その内容ごとに単元を構成するものがほとんどです。国立教育政策研究所から，「内容のまとまりごとの評価規準」（2020）が参考資料として示されていますが，それをそのまま活用するのではなく，単元ごとに単元構成や学習過程に沿った具体的な評価規準を作成していくことになります。次にそのポイントを説明していきます。

小学校社会科の内容のまとまり

第3学年
(1) 身近な地域や市区町村の様子
(2) 地域に見られる生産や販売の仕事
(3) 地域の安全を守る働き
(4) 市の様子の移り変わり

第4学年
(1) 都道府県の様子
(2) 人々の健康や生活環境を支える事業
(3) 自然災害から人々を守る活動
(4) 県内の伝統や文化，先人の働き
(5) 県内の特色ある地域の様子

第5学年
(1) 我が国の国土の様子と国民生活
(2) 我が国の農業や水産業における食料生産
(3) 我が国の工業生産
(4) 我が国の産業と情報との関わり
(5) 我が国の国土の自然環境と国民生活との関連

第6学年
(1) 我が国の政治の働き
(2) 我が国の歴史上の主な事象
(3) グローバル化する世界と日本の役割

小学校の社会科においては，学習指導要領に示された「内容のまとまり」は，複数の内容に分かれ，その内容ごとに単元を構成するものがほとんどです。そこで，「内容のまとまりごとの評価規準」をそのまま活用するのではなく，単元ごとに単元構成や学習過程に沿った具体的な評価規準を作成していくことになります。

第4学年(2)「人々の健康や生活環境を支える事業」　　**内容のまとまり**
ア　次のような知識及び技能を身に付けること。
　(ア)　飲料水，電気，ガスを供給する事業は，安全で安定的に供給できるように進められていることや，地域の人々の健康な生活の維持と向上に役立っていることを理解すること。
　(イ)　廃棄物を処理する事業は，衛生的な処理や資源の有効利用ができるよう進められていることや，生活環境の維持と向上に役立っていることを理解すること。
　(ウ)　見学・調査したり地図などの資料で調べたりして，まとめること。
イ　次のような思考力，判断力，表現力等を身に付けること。
　(ア)　供給の仕組みや経路，県内外の人々の協力などに着目して，飲料水，電気，ガスの供給のための事業の様子を捉え，それらの事業が果たす役割を考え，表現すること。
　(イ)　処理の仕組みや再利用，県内外の人々の協力などに着目して，廃棄物の処理のための事業の様子を捉え，その事業の果たす役割を考え，表現すること。

飲料水，電気，ガスを供給する事業

ア　次のような知識及び技能を身に付けること。
　(ア)　飲料水，電気，ガスを供給する事業は，安全で安定的に供給できるよう進められていることや，地域の人々の健康な生活の維持と向上に役立っていることを理解すること。
　(イ)　見学・調査したり地図などの資料で調べたりして，まとめること。
イ　次のような思考力，判断力，表現力等を身に付けること。
　(ア)　供給の仕組みや経路，県内外の人々の協力などに着目して，飲料水，電気，ガスの供給のための事業の様子を捉え，それらの事業が果たす役割を考え，表現すること。

廃棄物を処理する事業

ア　次のような知識及び技能を身に付けること。
　(イ)　廃棄物を処理する事業は，衛生的な処理や資源の有効利用ができるよう進められていることや，生活環境の維持と向上に役立っていることを理解すること。
　(ウ)　見学・調査したり地図などの資料で調べたりして，まとめること。
イ　次のような思考力，判断力，表現力等を身に付けること。
　(イ)　処理の仕組みや再利用，県内外の人々の協力などに着目して，廃棄物の処理のための事業の様子を捉え，その事業が果たす役割を考え，表現すること。

① 「知識及び技能」と評価の観点「知識・技能」

【知識及び技能】

　社会科における「知識」は，地域や我が国の地理的環境，現代社会の仕組みや働き，地域や我が国の歴史や伝統と文化を通して，**社会生活についての総合的な理解を図るためのもの**です。「社会生活について理解を図る」ことは，社会科の発足以来，教科の目標として位置づけられてきました。社会生活についての理解とは，人々が相互に様々な関わりをもちながら生活を営んでいることを理解するとともに，自らが社会生活に適応し，地域社会や国家の発展に貢献しようとする態度を育てることを目指すものです。また，社会生活とは，社会との関わりの中での人々の生活のことであり，地域の地理的環境や組織的な諸活動の様子などとともに，我が国の国土の地理的環境や産業と国民生活との関連，我が国の歴史的背景などを含んでいます。

　理解する内容は，学年の目標において系統的，段階的に示しており，第3学年では自分たちの市を中心とした地域の社会生活を，第4学年では自分たちの県を中心とした地域の社会生活を，第5学年では我が国の国土や産業と国民生活との関わりを学びます。人々の生活舞台を市から県，そして国と広げるように構成されています。そして，第6学年では我が国の政治の働きや歴史上の主な事象，グローバル化する世界と日本の役割について学ぶようになっています。このように，第3学年から第6学年までの4年間にわたり社会生活や国家及び社会について総合的に理解することを通して，「公民としての資質・能力の基礎」を育成することをねらいとしています。

　社会科における「技能」は，**社会的事象について調べまとめる技能**です。具体的には，

・調査活動や諸資料の活用など手段を考えて問題解決に必要な社会的事象に関する**情報を集める技能**
・集めた情報を社会的事象の見方・考え方に沿って**読み取る技能**
・読み取った情報を問題解決に沿って**まとめる技能**

などであると考えられます。

小学校社会「知識」に関する目標

第3学年	・身近な地域や市区町村の地理的環境，地域の安全を守るための諸活動や地域の産業と消費生活の様子，地域の様子の移り変わりについて，<u>人々の生活との関連を踏まえて理解する。</u>
第4学年	・自分たちの都道府県の地理的環境の特色，地域の人々の健康と生活環境を支える働きや自然災害から地域の安全を守るための諸活動，地域の伝統と文化や地域の発展に尽くした先人の働きなどについて，<u>人々の生活との関連を踏まえて理解する。</u>
第5学年	・我が国の国土の地理的環境の特色や産業の現状，社会の情報化と産業の関わりについて，<u>国民生活との関連を踏まえて理解する。</u>
第6学年	・我が国の政治の考え方と仕組みや働き，国家及び社会の発展に大きな働きをした先人の業績や優れた文化遺産，我が国と関係の深い国の生活やグローバル化する国際社会における我が国の役割について理解する。

 小学校社会「技能」に関する目標

第3学年及び第4学年	・調査活動，地図帳や各種の具体的資料を通して，<u>必要な情報を調べまとめる技能を身に付ける。</u>
第5学年	・地図帳や地球儀，統計などの各種の基礎的資料を通して，<u>情報を適切に調べまとめる技能を身に付ける。</u>
第6学年	・地図帳や地球儀，統計や年表などの各種の基礎的資料を通して，<u>情報を適切に調べまとめる技能を身に付ける。</u>

これらの技能は，単元などのまとまりごとに全てを育成しようとするものではなく，情報を収集する手段や情報の内容，資料の特性等に応じて指導することが考えられます。そのため，小・中学校の社会科はもとより，高等学校の地理歴史科，公民科においても，巻末の参考資料「社会的事象等について調べまとめる技能」を参考にするなどして，くり返し子供が身に付けるように指導することが大切です（「解説」p.152・153参照）。

　各学年の「技能」に関する目標は，第３学年及び第４学年では「調査活動，地図帳」，第５学年では「地図帳や地球儀，統計」，第６学年では「地図帳や地球儀，統計や年表」と示しており，扱う資料や情報を集める手段は異なりますが，各学年とも「社会的事象に関する情報を集める技能，集めた情報を読み取る技能，読み取った情報をまとめる技能」という同じ構成になっています。これは，「社会的事象について調べまとめる技能」を，**内容に応じてくり返し活用して，身に付けること**を示しています。

　なお，第５，６学年の「適切に」とは，情報を集める際に，情報手段の特性や情報の正しさ，資料の特性に留意することなどを指しています。

　また，第３学年及び第４学年において身に付ける観察や見学，聞き取りなどの調査活動の技能については，第５学年及び第６学年においても必要に応じて取り上げて身に付けるように指導することが大切です。

評価の観点【知識・技能】

> 　知識・技能については，「〜を調べ，〜まとめ，〜理解している」などと知識と技能を関連付けて評価規準を作成する。

　社会科の学習を通して子供が獲得する知識や身に付ける技能は，前述した通りですが，評価の観点である「知識・技能」としては，これらの知識と技能を関連付けて「〜を調べ，〜まとめ，〜理解している」などと捉えて評価することが大切です。それは，社会科は，資料を集めて読み取り社会的事象の様子を具体的に理解すること，また，調べまとめたことを基に考え，社会的事象の特色や意味などを理解することが大切だからです。

　そこで，ここでは，**学習過程に沿って，**

> ①　「調べて，必要な情報を集め，読み取り，社会的事象の様子について具体的に理解している」か，
>
> ②　「調べたことを文などにまとめ，社会的事象の特色や意味などを理解している」か，

という学習状況を捉えるよう，評価規準を作成することとしています。

「知識・技能①」については，例えば，「清掃工場の見学をして調べて，燃えるごみの処理の仕方がわかっている」というように，子供が調べて社会的事象の様子について具体的に理解しているかを見取ることとなります。つまり，子供が「調べてわかる」姿を捉えること，と言えます。

「知識・技能②」については，例えば，「調べたことをまとめて，廃棄物を処理する事業は，衛生的な処理や資源の有効利用ができるよう進められていることや，それらは生活環境の維持と向上に役立っていることを理解している」というように，子供が調べたことをまとめて，社会的事象の特色や意味を理解しているかを見取ることとなります。つまり，子供が「まとめてわかる」姿を捉えることと，言えます。端的に言えば，

> 社会科の評価の観点「知識・技能」は子供が「調べて理解している」「まとめて理解している」姿を捉えることである。

②　「思考力，判断力，表現力等」と評価の観点「思考・判断・表現」
【思考力，判断力，表現力等】

社会科における「思考力，判断力，表現力等」は，子供の発達の段階を2学年ごとのまとまりで捉えて，学年の目標において系統的，段階的に示しています。「思考力，判断力」は，社会的事象の特色や相互の関連，意味を多角的に考える力や社会に見られる課題を把握して，その解決に向けて，学習したことを基に，社会への関わり方を選択・判断する力です。

第3学年及び第4学年では，自分たちにできることなど社会への関わり方を選択・判断する力を，第5学年及び第6学年では，よりよい発展を考えたり社会への関わり方を選択・判断したりする力を養うことを求めています。ま

た，第5学年及び第6学年では，意味を多角的に考える，つまり，子供が複数の立場や意見を踏まえて考えることができるようになることを求めています。

「解説」（p.22・23）を基に，もう少し目標に示されていることを説明しておきます。

○「社会的事象の特色」とは，

　　他の事象等と比較・分類したり総合したりすることで捉えることのできる社会的事象の特徴や傾向，そこから見いだすことのできるよさなど

　　それは，仕事や活動の特色，生産の特色，地理的環境の特色などに表されるもの

○「社会的事象の相互の関連」とは，

　　比較したり関連付けたりして捉えることのできる事象と事象のつながりや関わりなど

　　それは，生産・販売する側の工夫と消費者の工夫との関連，関係機関の相互の連携や協力，国会・内閣・裁判所の相互の関連などに表されるもの

○「社会的事象の意味」とは，

　　社会的事象の仕組みや働きなどを地域の人々や国民の生活と関連付けることで捉えることができる社会的事象の社会における働き，国民にとっての役割など

　　それは，産業が国民生活に果たす役割，情報化が国民生活に及ぼす影響，国民生活の安定と向上を図る政治の働きなどに表されるもの

○「多角的に考える」とは，

　　児童が複数の立場や意見を踏まえて考えること

　　小学校社会科では，学年が上がるにつれて徐々に多角的に考えることができるようになることを求めている

○「社会に見られる課題」とは，

　　例えば，地域社会における安全の確保や，良好な生活環境の維持，資源の有効利用，自然災害への対策，伝統や文化の保存・継承，国土の環境保全，産業の持続的な発展，国際平和の構築など現代社会に見られる課題を想定したもの

　　小学校においては，発達の段階を踏まえるとともに，学習内容との関連を重視し，学習展開の中で児童が出合う社会的事象を通して，課題を把握できるようにするこ

小学校社会「思考力，判断力，表現力等」に関する目標

第3学年及び第4学年	・社会的事象の特色や相互の関連，意味を考える力，社会に見られる課題を把握して，その解決に向けて社会への関わり方を選択・判断する力，考えたことや選択・判断したことを表現する力を養う。
第5学年及び第6学年	・社会的事象の特色や相互の関連，意味を多角的に考える力，社会に見られる課題を把握して，その解決に向けて社会への関わり方を選択・判断する力，考えたことや選択・判断したことを説明したり，それらを基に議論したりする力を養う。

小学校社会科における「思考力・判断力」は，

「社会的事象の特色や相互の関連，意味を多角的に考える力」
「社会に見られる課題を把握して，その解決に向けて，
　　　学習したことを基に，社会への関わり方を選択・判断する力」
　　　　　　　　　　　　　　　　　　　　　　　　　　である

小学校社会科における「表現力」とは，
「考えたことや選択・判断したことを説明する力」
「考えたことや選択・判断したことを基に議論する力」　　である

 児童の発達の段階を2学年ごとのまとまりと捉えて，系統的・段階的に示す

思考力，判断力については，

【第3学年及び第4学年】
　社会的事象の特色や相互の関連，意味を考える力，社会に見られる課題を把握して，その解決に向けて自分たちにできることなど社会への関わり方を選択・判断する力を養うことを求めている。

【第5学年及び第6学年】
　複数の立場や意見を踏まえて，社会的事象の特色や相互の関連，意味を多角的に考える力，社会に見られる課題を把握して，その解決に向けてよりよい発展を考えたり社会への関わり方を選択・判断したりする力を養うことを求めている。

表現力については，

【第3学年及び第4学年】
　考えたことや選択・判断したことを文章で記述したり図表などに表したことを使って説明したりして表現する力を養うことを求めている。

【第5学年及び第6学年】
　考えたことや選択・判断したことを根拠や理由などを明確にして論理的に説明したり，他者の主張につなげ立場や根拠を明確にして議論したりする力を養うことを求めている。

とが大切

○「**解決に向けて**」とは，

　選択・判断の方向性を示しており，よりよい社会を考えることができるようにすることを目指している

○「**社会への関わり方を選択・判断する**」とは，

　社会的事象の仕組みや働きを学んだ上で，習得した知識などの中から自分たちに協力できることなどを選び出し，自分の意見や考えとして決めるなどして，判断すること

　　例えば，農業の発展に向けては，農家相互の連携・協力，農業協同組合や試験場等の支援などが結び付いて取り組まれています。また，森林資源を守る取組は，林業従事者，行政，NPO法人など様々な立場から行われています。こうした事実を学んだ上で，私たちはどうすればよいか，これからは何が大切か，今は何を優先すべきかなどの問いを設け，取組の意味を深く理解したり，自分たちの立場を踏まえて現実的な協力や，もつべき関心の対象を選択・判断したりすることなどです。

　「表現力」は，**考えたことや選択・判断したことを適切に表現する力**です。

　第3学年及び第4学年では，考えたことや選択・判断したことを<u>文章で記述したり図表などに表したことを使って説明したりして</u>表現する力を，第5学年及び第6学年では，考えたことや選択・判断したことを<u>根拠や理由などを明確にして論理的に説明したり，他者の主張につなげ立場や根拠を明確にして議論したりする力</u>を養うことを求めています。

　なお，ここでは，思考力，判断力に関わる力と表現力に関わる力を分けて説明していますが，これらは問題解決的な学習過程において相互に関連性をもちながら育成されるものであり，捉え方はこれまでと変わっていません。

　「解説」（p.23）を基に，もう少し目標に示されていることを説明しておきます。

○「**説明する**」とは，

　物事の内容や意味をよく分かるように説き明かすこと

○「**説明する力**」については，

　　根拠や理由を明確にして，社会的事象について調べて理解したことや，それに対する自分の考えなどを論理的に説明できるように養うことが大切

○「**議論する**」とは，

　　互いに自分の主張を述べ合い論じ合うこと

○「**議論する力**」については，

　　他者の主張につなげたり，互いの立場や根拠を明確にして討論したりして，社会的事象についての自分の考えを主張できるように養うことが大切

評価の観点【思考・判断・表現】

> 思考・判断・表現については従前通り一体のものとして評価規準を作成する。

　見方・考え方を働かせて資質・能力の育成を図る観点から，「〜着目して，問いを見いだし，〜考え，表現する」という「追究場面」における評価と，「〜比較・関連付け，総合などして，〜考えたり，学習したことを基にして，選択・判断したりして表現する」という，社会的事象の特色や相互の関連，意味を多角的に考えたり，社会に見られる課題を把握して，その解決に向けて社会への関わり方を選択・判断したりする「解決場面」における評価について評価規準を作成します。

　そこで，ここでは，**学習過程に沿って，**

> ①　社会的事象に着目して，問いを見いだし，社会的事象の様子について考え表現しているか
> ②　比較・関連付け，総合などして社会的事象の特色や意味を考えたり，学習したことを基に社会への関わり方を選択・判断したりして，適切に表現しているか

という学習状況を捉えるよう，評価規準を作成することとしています。

　【思考・判断・表現①】については，例えば，「『ごみの分別表』などの資料から，ごみの処理の仕組みや再利用などに着目して，「どのように集めているのだろう」「集めたごみはどのように処理しているのだろう」「再利用は，どうしているのだろう」などと問いを見いだし，考え，表現している」とい

うように，子供が資料の読み取りなどから，疑問を見いだし表現しているかを見取ることになります。つまり，子供が「資料などから○○に着目して，問いを見いだしている」姿を捉えること，と言えます。また，例えば，調べたことを基に「現在に至るまでに衛生的に処理する仕組みが作られ，計画的に改善されてきたことについて考え，表現している」というように，子供が社会的事象の様子について考え，まとめているかを見取ることになります。つまり，子供が「調べたことを基に社会的事象の様子を考えて表現している」姿を捉えること，と言えます。

【思考・判断・表現②】については，例えば，学習したことを基に「ごみを処理する仕組みや人々の協力関係と地域の良好な生活環境を関連付け，ごみの処理のための事業の果たす役割を考え，説明するなどして表現している」というように，子供が学習したことを基に関連付けなどして社会的事象の特色や意味を考えているかを見取ることになります。つまり，子供が学習したことを基に「社会的事象の特色や意味を考え，説明するなどして表現している」姿を捉える，と言えます。また，例えば，学習したことを基に，「ごみを減らすために，自分たちが協力できることを考えたり選択・判断したりして表現している」というように，子供が学習したことを自分たちが協力できることなど社会への関わり方を選択・判断しているかを見取ることになります。つまり，子供が学習したことを基に「社会への関わり方を選択・判断したことを表現している」姿を捉えること，と言えます。端的に言えば，

社会科の評価の観点「思考・判断・表現」は子供が「着目して問いを見いだしている」「社会的事象の様子を考え表現している」「社会的事象の意味や特色を考え説明するなどして表現している」「社会への関わり方を選択・判断したことを表現している」姿を捉えることである。

③ 「学びに向かう力，人間性等」と評価の観点「主体的に学習に取り組む態度」
【学びに向かう力，人間性等】
　社会科における「学びに向かう力，人間性等」は，第３学年から第６学年

まで，各学年の内容に応じて繰り返し養う態度です。

> 　社会的事象について，主体的に学習の問題を解決しようとする態度や，よりよい社会を考え学習したことを社会生活に生かそうとする態度

　これは，学習中や終末，学習後に現れる態度のことです。例えば，主体的に追究したり意味について粘り強く考たりする態度，調べたり考えたりしたことを表現しようとする態度，または，学習したことを基にして自分の関わり方や社会の発展などについて考えようとする態度などのことです。

　各学年の内容に関連した思考や理解を通して涵養される愛情や自覚については，学年の目標において，系統的，段階的に示しています。

○第３学年及び第４学年

　学習する生活舞台が市や県などの地域であることから，

　　・地域社会に対する誇りと愛情

　　・地域社会の一員としての自覚　　　を養う。

○第５学年

　学習する生活舞台が我が国の国土であることから，

　　・我が国の国土に対する愛情

　　・我が国の産業の発展を願い我が国の将来を担う国民としての自覚　　　を養う。

○第６学年

　我が国の政治や歴史，グローバル化する国際社会における我が国の役割を学ぶことから，

　　・我が国の歴史や伝統を大切にして国を愛する心情

　　・我が国の将来を担う国民としての自覚や平和を願う日本人として世界の国々の人々と共に生きることの大切さについての自覚　　　を養う。

　これらからは，「知識及び技能」や「思考力，判断力，表現力等」に関する目標に示している事項と密接に関連していることが読み取れます。つまり，自覚や愛情は，単独で扱うものではなく，あくまでも各学年の学習活動を通して考えたり理解したりしたことを基に涵養されるもの，ということです。このため，拙速に短時間で求めるものではないことにも留意する必要があります。

つまり，「学びに向かう力，人間性等」は，**よりよい社会を考え主体的に問題解決しようとする態度**と**多角的な思考や理解を通して涵養される自覚や愛情など**です。

小学校社会科は，身近な地域や市や県についての理解を深め，地域社会に対する誇りと愛情を養うとともに，我が国の国土と歴史に対する理解を深めて，それらに対する愛情を養うことをねらいとしているのです。

評価の観点【主体的に学習に取り組む態度】

> 主体的に学習に取り組む態度については，知識及び技能や，思考力，判断力，表現力等を身に付けることに向けて粘り強い取組を行おうとする側面と，粘り強い取組を行う中で自らの学習を調整しようとする側面について，「主体的に学習に取り組む態度」として評価規準を作成する。

各学年の目標においては，社会的事象について，「主体的に学習の問題を解決しようとする態度」と「よりよい社会を考え学習したことを社会生活に生かそうとする態度」と示されています。つまり，社会科の「主体的に学習に取り組む態度」としては，社会的事象について，見通しを立てたり，それを見直したりして学習の問題を追究・解決する「主体的に問題解決しようとする態度」と学習したことを基に，自分たちにできることなどを考えようとしたり選択・判断しようとしたり，様々な立場から多角的に発展を考えようとしたりする「よりよい社会を考え学習したことを社会生活に生かそうとする態度」という「社会的な態度」の2つの態度を評価していくことになります。

そこで，**学習過程に沿って，2つの態度を**

> ① 社会的事象について，予想や学習計画を立て，学習を振り返ったり見直したりして，学習問題を追究・解決しようとしているか
> ② よりよい社会を考え学習したことを社会生活に生かそうとしているか

という学習状況を捉えるよう，評価規準を作成することとしています。

【主体的に学習に取り組む態度①】の「**予想や学習計画を立て**」では，学習問題の追究・解決に向けて見通しをもとうとしている学習状況を捉えるようにします。また，「**学習を振り返ったり見直したりして**」では，問題解決

小学校社会「学びに向かう力，人間性等」に関する目標

第3学年及び第4学年	・社会的事象について，主体的に学習の問題を解決しようとする態度や，よりよい社会を考え学習したことを社会生活に生かそうとする態度を養う。 ・思考や理解を通して，地域社会に対する誇りと愛情，地域社会の一員としての自覚を養う。
第5学年	・社会的事象について，主体的に学習の問題を解決しようとする態度や，よりよい社会を考え学習したことを社会生活に生かそうとする態度を養う。 ・多角的な思考や理解を通して，我が国の国土に対する愛情，我が国の産業の発展を願い我が国の将来を担う国民としての自覚を養う。
第6学年	・社会的事象について，主体的に学習の問題を解決しようとする態度や，よりよい社会を考え学習したことを社会生活に生かそうとする態度を養う。 ・多角的な思考や理解を通して，我が国の歴史や伝統を大切にして国を愛する心情，我が国の将来を担う国民としての自覚や平和を願う日本人として世界の国々の人々と共に生きることの大切さについての自覚を養う。

各学年の内容に応じて繰り返し養う
「社会的事象について，主体的に学習の問題を解決しようとする態度や，
　　　　　　よりよい社会を考え学習したことを社会生活に生かそうとする態度」
各学年の内容に関連した
　　　　　思考や理解を通して涵養される愛情や自覚など
　　　　　　　　　　　　　　　　　　　　　について示されている

○「よりよい社会を考え主体的に問題解決しようとする態度」は，
　　主体的に学習の問題を解決しようとする態度や，よりよい社会を考え学習したことを社会生活に生かそうとする態度などである
○「多角的な思考や理解を通して」涵養される自覚や愛情などは，
　　各学年の内容に応じて涵養される
　　地域社会に対する誇りと愛情　　　　　地域社会の一員としての自覚
　　我が国の国土と歴史に対する愛情　　　我が国の将来を担う国民としての自覚
　　世界の国々の人々と共に生きていくことの大切さについての自覚　　など

「解説」p.24 一部抜粋

○我が国の国土に対する愛情については，
　　身近な地域や市，県の様子についての指導を踏まえて，我が国の国土の地理的環境とそこで営まれている産業の様子などの理解を図り，我が国の国土に対する愛情を育てることをねらいとしている。
○我が国の歴史に対する愛情については，
　　市を中心とした地域の人々の生活の変化や県を中心とした地域の伝統や文化，地域の発展に尽くした先人の働きの指導を踏まえ，我が国の歴史に対する理解を深めるとともに，我が国の歴史に対する愛情を育てることをねらいとしている。
○我が国の国土と歴史に対する愛情は，
　　地域社会や我が国の国土の地理的環境，産業の様子及び先人の働きなどについての学習を通して育てられるものである。

75

に向けて，自らの学習状況を確認したり，さらに調べたいことを考えようとしたりする学習状況を捉えるようにします。その際，単元によっては，「さらに調べたいことを考える場面」が設定されない場合も考えられるため「振り返ったり見直したり」と示していることに留意し，単元の学習活動に応じて適切に文言を選びながら評価規準を設定することが大切です。例えば，「火災から地域の安全を守る働きについて，予想や学習計画を立て，解決の見通しをもとうとしている」というように，子供が問題解決の予想や学習計画を立てようとしているかを見取ることとなります。つまり，子供が「問題解決の見通しをもとうとしている」姿を捉えること，と言えます。また，「これまでの学習を振り返り，さらに調べるべきことを見いだし，見通しをもって追究しようとしている」というように，子供がこれまでの学習を振り返り，学習を見直し，まだ解決しきれていない問題について解決の見通しをもとうとしているかを見取ることとなります。つまり，子供が「これまでの学習を振り返ろうとしている」「これまでの学習を見直して新たな問いの解決をしようとしている」姿を捉えること，と言えます。

　【主体的に学習に取り組む態度②】の「学習したことを社会生活に生かそうとする」では，それまでの学習成果を基に，生活の在り方やこれからの社会の発展について考えようとする学習状況を捉えるようにします。これは「社会的な態度」と捉えることができ，社会に見られる課題を把握して社会への関わり方を選択・判断したり，多角的に考えて社会の発展について自分の考えをまとめたりする学習場面で表出されることが多いことが考えられるため，思考・判断・表現との関連性を踏まえて評価規準を設定することが大切です。例えば，「学習したことを基に，地域や自分自身を事故や事件から守るために自分たちができることを考えようとしている」というように，子供がこれまで学習したことを根拠として，よりよい社会を考え学習したことを社会生活に生かそうとしているかを見取ることとなります。つまり，子供が「学習したことを基に自分たちができることや社会の発展を考えようとしている（社会的な態度）」姿を捉えること，と言えます。端的に言えば，

　　社会科の評価の観点「主体的に学習に取り組む態度」は子供が「問題解決の見通しをもとうとしている」「学習したことを振り返ろうとしている」「学習したことを見直して，新たな問題を解決しようとしている」「学習したことを基に自分たちができることや社会の発展を考えようとしている」姿を捉えることである。

(3)　単元の具体的な評価規準をつくる

　(2)で示した評価規準作成のポイントのもと，学習指導要領の内容に関する記載事項，内容の取扱い，観点の趣旨を踏まえ，学習指導要領「解説」の記載事項を参考に，内容についてより具体的に示すよう作成します。詳細になりすぎないように，学習指導要領の記述形式を踏まえて次のように作成します。

(1)　Aについて，学習の問題を追究・解決する活動を通して，次の事項を身に付けることができるよう指導する。
　ア　次のような知識や技能を身に付けること。
　　(ｱ)　Bを理解すること。
　　(ｲ)　Cなどで調べて，Dなどにまとめること。
　イ　次のような思考力，判断力，表現力等を身に付けること。
　　(ｱ)　Eなどに着目して，Fを捉え，Gを考え，表現すること。

知識・技能	思考・判断・表現	主体的に学習に取り組む態度
①EなどについてCなどで調べて，必要な情報を集め，読み取り，Fを理解している。 ②調べたことをDなどにまとめ，Bを理解している。	①Eなどに着目して，問いを見いだし，Fについて考え表現している。 ②○と○を（比較・関連付け，総合など）してGを考えたり，学習したことを基に社会への関わり方を選択・判断したりして，適切に表現している。	①A（に関する事項）について，予想や学習計画を立て，学習を振り返ったり見直したりして，学習問題を追究し，解決しようとしている。 ②よりよい社会を考え，学習したことを社会生活に生かそうとしている。

ここでは，構造的に示された学習指導要領の記述形式に合わせて作成する単元の評価規準の基本形を示しています。これは，各内容に合わせて，より具体的に単元の評価規準を作成するための一つの方法として例示しています。ただ，基本形に当てはめると，内容に合わせてより具体的に作成するために，文章が長くなります。ここで大切なことは，それぞれの観点ごとに①②で，どのような姿を捉えようとしているか，どのような姿を捉えるために設定しているのか，を理解することです。そこで，評価規準について，再度，確認しておきましょう。

知識・技能	思考・判断・表現	主体的に学習に取り組む態度
①調べて，必要な情報を集め，読み取り，社会的事象の様子について具体的に理解している。	①社会的事象に着目して，問いを見いだし，社会的事象の様子について考え表現している。	①社会的事象について，予想や学習計画を立て，学習を振り返ったり見直したりして，学習問題を追究・解決しようとしている。
②調べたことを文などにまとめ，社会的事象の特色や意味などを理解している。	②比較・関連付け，総合などして社会的事象の特色や意味を考えたり，学習したことを基に社会への関わり方を選択・判断したりして，適切に表現している。	②よりよい社会を考え学習したことを社会生活に生かそうとしている。

　つまり，簡潔に示すなら，以下のような子供の姿を捉えることとなります。

知識・技能	思考・判断・表現	主体的に学習に取り組む態度
調べてわかる	着目して問いを見いだす	主体的な問題解決 見通し，振り返り，見直し
まとめてわかる	社会的事象の意味や特色を考える 社会への関わり方を選択・判断する	社会的な態度 自分たちにできること 社会の発展

評価規準作成のポイントのもと，学習指導要領の内容に関する記載事項，内容の取扱い，観点の趣旨を踏まえ，学習指導要領「解説」の記載事項を参考に，内容についてより具体的に示すよう作成します。詳細になりすぎないように，学習指導要領の記述形式を踏まえて以下のように作成します。

学習指導要領

(1) A について，学習の問題を追究・解決する活動を通して，次の事項を身につけることができるよう指導する。
　ア　次のような知識や技能を身に付けること。
　　(ｱ)　B を理解すること。
　　(ｲ)　C などで調べて，D などにまとめること。
　イ 次のような思考力，判断力，表現力等を身に付けること。
　　(ｱ)　E などに着目して，F を捉え，G を考え，表現すること。

知識・技能	思考・判断・表現	主体的に学習に取り組む態度
①E などについてC などで調べて，必要な情報を集め，読み取り，F を理解している。 ②調べたことをD などにまとめ，B を理解している。	①E などに着目して，問いを見いだし，F について考え表現している。 ②○と○を（比較・関連付け，総合など）してG を考えたり，学習したことを基に社会への関わり方を選択・判断したりして，適切に表現している。	①A（に関する事項）について，予想や学習計画を立て，学習を振り返ったり見直したりして，学習問題を追究し，解決しようとしている。 ②よりよい社会を考え，学習したことを社会生活に生かそうとしている。

評価規準（観点）	単元を通して捉えたい学習状況
知識・技能	① 調べて，必要な情報を集め，読み取り，社会的事象の様子について具体的に理解しているか。 　○○について資料で調べ，○○を理解する　　　　　調べてわかる ② 調べたことを文などにまとめ，社会的事象の特色や意味などを理解しているか。 　調べてわかったことをまとめて，○○を理解する　　まとめてわかる
思考・判断・表現	① 社会的事象に着目して，問いを見いだし，社会的事象の様子について考え表現しているか。 　資料の読み取りや話合いなどから，疑問を見いだす　　着目して問いを見いだす ② 比較・関連付け，総合などして社会的事象の特色や意味を考えたり，学習したことを基に社会への関わり方を選択・判断したりして，適切に表現しているか。 　例：AとBを関連付けて，社会的事象の特色や意味を考える　　考察 　○○について自分たちでできることを考えたり選択・判断したりする　構想
主体的に学習に取り組む態度	① 社会的事象について，予想や学習計画を立て，学習を振り返ったり見直したりして，学習問題を追究・解決しようとしているか。 　予想や学習計画を立てようとしている　　　　見通し 　学習を振り返ったり見直したりしようとしている　　振り返り・見直し 　　　　　　　　　　　　　　　　　　（自らの学びを調整） ② よりよい社会を考え学習したことを社会生活に生かそうとしているか。 　学習したことを基に自分たちにできることや社会の発展を考えようとしている 　　　　　　　　　　　　　　　　　　社会的な態度

単元の具体的な評価規準の基本形を基に，第4学年内容(2)「人々の健康や生活環境を支える事業」を例に具体的に説明します。「内容のまとまり」は，「飲料水，電気，ガスを供給する事業」と「廃棄物を処理する事業」の2つの単元で構成できます。そこで，それぞれの単元ごとに，具体的に評価規準作成例を示します。

【単元「飲料水，電気，ガスを供給する事業」の評価規準（例）】

知識・技能	思考・判断・表現	主体的に学習に取り組む態度
①供給の仕組みや経路，県内外の人々の協力などについて見学・調査したり地図などの資料などで調べたりして，必要な情報を集め，読み取り，飲料水，電気，ガスの供給のための事業の様子を理解している。	①供給の仕組みや経路，県内外の人々の協力などに着目して，問いを見いだし，飲料水，電気，ガスの供給のための事業の様子について考え表現している。	①飲料水，電気，ガスを供給する事業について，予想や学習計画を立て，学習を振り返ったり見直したりして，学習問題を追究し，解決しようとしている。
②調べたことを白地図や図表，文などにまとめ，飲料水，電気，ガスを供給する事業は，安全で安定的に供給できるように進められていることや，地域の人々の健康な生活の維持と向上に役立っていることを理解している。	②飲料水，電気，ガスの供給のための事業に見られる仕組みや人々の協力関係と地域の人々の健康や生活環境を関連付けて飲料水，電気，ガスの供給のための事業が果たす役割を考えたり，学習したことを基に，節水や節電など自分たちが協力できることを考えたり選択・判断したりして表現している。	②学習したことを基に節水や節電などについて自分たちが協力できることを考えようとしている。

【単元「廃棄物を処理する事業」の評価規準（例）】

知識・技能	思考・判断・表現	主体的に学習に取り組む態度
①処理の仕組みや再利用，県内外の人々の協力などについて**見学・調査したり地図などの資料など**で調べたりして必要な情報を集め読み取り，廃棄物の処理のための事業の様子を理解している。	①処理の仕組みや再利用，県内外の人々の協力などに着目して，問いを見いだし，廃棄物の処理のための事業の様子について考え表現している。	①廃棄物を処理する事業について，予想や学習計画を立て，学習を振り返ったり見直したりして，学習問題を追究し，解決しようとしている。
②調べたことを白地図や図表，文などにまとめ，廃棄物を処理する事業は，衛生的な処理や資源の有効利用ができるよう進められていることや，生活環境の維持と向上に役立っていることを理解している。	②ごみや下水などの廃棄物を処理する仕組みや人々の協力関係と地域の良好な生活環境を関連付けて廃棄物の処理のための事業が果たす役割を考えたり，学習したことを基に，ごみの減量や水を汚さない工夫など，自分たちが協力できることを考えたり選択・判断したりして表現している。	②学習したことを基にごみの減量や水を汚さない工夫など，自分たちが協力できることを考えようとしている。

　学習指導要領の記載事項だけでは，具体的に作成できないため，内容の取扱いや「解説」の記載事項から補い，作成をしています。内容の取扱いの記載事項からの引用は……線の部分，「解説」の記載事項からの引用は──線の部分です。

　単元の具体的な評価規準を基本形に，学年ごとに各単元の評価規準の設定例を作成してみると次のようになります。ただ，これは学習指導要領の記載事項，内容の取扱いの記載事項を踏まえ，「解説」の記述を参考にして，基本形に当てはめて設定した評価規準例です。これが正解でもありませんし，この基本形に必ずなるものでもありません。単元の評価規準は単元目標に準拠し，授業者の単元デザインに合わせて作成されるものだからです。あくまでも，参考程度に読んでいただきたいと思います。

学年ごと各単元の評価規準の設定例

【第3学年】

(1)「身近な地域や市区町村の様子」の評価規準の設定例

知識・技能	思考・判断・表現	主体的に学習に取り組む態度
①都道府県内における市の位置，市の地形や土地利用，交通の広がり，市役所など主な公共施設の場所と働き，古くから残る建造物の分布などについて観察・調査したり地図などで調べたりして，必要な情報を集め，読み取り，身近な地域や市の様子を理解している。 ②調べたことを白地図や文などにまとめ，身近な地域や自分たちの市の様子を大まかに理解している。	①都道府県内における市の位置，市の地形や土地利用，交通の広がり，市役所など主な公共施設の場所と働き，古くから残る建造物の分布などに着目して，問いを見いだし，身近な地域や市の様子について考え表現している。 ②場所ごとの比較をしたり，土地利用の様子と社会的な条件や地形条件などと関連付けたりして，場所による違いを考え，適切に表現している。	①身近な地域や自分たちの市の様子について，予想や学習計画を立て，学習を振り返ったり，見直したりして，主体的に学習問題を追究し，解決しようとしている。

(2)「地域に見られる生産の仕事」の評価規準の設定例

知識・技能	思考・判断・表現	主体的に学習に取り組む態度
①仕事の種類や産地の分布や仕事の工程などについて見学・調査したり地図などの資料などで調べたりして，必要な情報を集め，読み取り，生産に携わっている人々の仕事の様子を理解している。 ②調べたことを白地図や文などにまとめ，生産の仕事は，地域の人々の生活と密接な関わりをもって行われていることを理解している。	①仕事の種類や産地の分布や仕事の工程などに着目して，問いを見いだし，生産に携わっている人々の仕事の様子について考え表現している。 ②生産の仕事と地域を結び付けて，地域の人々の生活との関連を考え，適切に表現している。	①地域に見られる生産の仕事について，予想や学習計画を立て，学習を振り返ったり見直したりして，主体的に学習問題を追究し，解決しようとしている。

(2)「地域に見られる販売の仕事」の評価規準の設定例

知識・技能	思考・判断・表現	主体的に学習に取り組む態度
①消費者の願いや販売の仕方，他地域や外国との関わりなどについて見学・調査したり地図などの資料などで調べたりして，必要な情報を集め，読み取り，販売に携わっている人々の仕事の様子を理解している。	①消費者の願いや販売の仕方，他地域や外国との関わりなどに着目して，問いを見いだし，販売に携わっている人々の仕事の様子について考え表現している。	①地域に見られる販売の仕事について，予想や学習計画を立て，学習を振り返ったり見直したりして，主体的に学習問題を追究し，解決しようとしている。
②調べたことを白地図や文などにまとめ，販売の仕事は，消費者の多様な願いを踏まえ売り上げを高めるよう，工夫して行われていることを理解している。	②販売する側の仕事の工夫と消費者の願いを関連付けて，販売の仕事に見られる工夫を考え，適切に表現している。	

(3)「地域の安全を守る働き」の評価規準の設定例

知識・技能	思考・判断・表現	主体的に学習に取り組む態度
①施設・設備などの配置，緊急時への備えや対応などについて，消防署や警察署などの関係機関や関連する施設を見学・調査したり地図などの資料で調べたりして，必要な情報を集め，読み取り，関係機関や地域の人々の諸活動を理解している。	①施設・設備などの配置，緊急時への備えや対応などに着目して，問いを見いだし，関係機関や地域の人々の諸活動について考え表現している。	①地域の安全を守る働きについて，予想や学習計画を立て，学習を振り返ったり見直したりして，主体的に学習問題を追究し，解決しようとしている。
②調べたことを白地図や図表，文などにまとめ，消防署や警察署などの関係機関は，地域の安全を守るために，相互に連携して緊急時に対処する体制をとっていることや，関係機関が地域の人々と協力して火災や事故などの防止に努めていることを理解している。	②関係機関に従事する人々の活動と地域の人々の生活を関連付けて，相互の関連や従事する人々の働きを考えたり，学習したことを基に地域や自分自身を守るためにできることを考えたり選択・判断したりして表現している。	②学習したことを基に地域や自分自身を守るためにできることを考えようとしている。

⑷「市の様子の移り変わり」の評価規準の設定例

知識・技能	思考・判断・表現	主体的に学習に取り組む態度
①交通や公共施設，土地利用や人口，生活の道具などについて博物館や資料館などの関係者や地域の人などへの聞き取り調査をしたり地図などの資料などで調べたりして，必要な情報を集め，読み取り，市や人々の生活の様子を理解している。	①交通や公共施設，土地利用や人口，生活の道具などに着目して，問いを見いだし，市や人々の生活の様子について考え表現している。	①市の様子の移り変わりについて，予想や学習計画を立て，学習を振り返ったり見直したりして，主体的に学習問題を追究し，解決しようとしている。
②調べたことを年表や文などにまとめ，市や人々の生活の様子は，時間の経過に伴い，移り変わってきたことを理解している。	②市の様子の変化と人々の生活の変化を結び付けて，市や人々の生活の様子の変化を考えたり，これからの市の発展について考えたりして，適切に表現している。	②学習したことや市役所が作成している資料などを基に，これからの市の発展について考えようとしている。

【第４学年】

⑴「都道府県の様子」の評価規準の設定例

知識・技能	思考・判断・表現	主体的に学習に取り組む態度
①我が国における自分たちの県の位置，県全体の地形や主な産業の分布，交通網や主な都市の位置などについて地図や各種の資料などで調べて，必要な情報を集め，読み取り，県の様子を理解している。	①我が国における自分たちの県の位置，県全体の地形や主な産業の分布，交通網や主な都市の位置などに着目して，問いを見いだし，県の様子について考え表現している。	①都道府県の様子について，予想や学習計画を立て，学習を振り返ったり見直したりして，主体的に学習問題を追究し，解決しようとしている。
②調べたことを白地図や文などにまとめ，自分たちの県の地理的環境の概要や，47都道府県の名称と位置を理解している。	②県の位置，県全体の地形や主な産業の分布，交通網や主な都市の位置などの情報を総合して，県の地理的環境の特色を考え，適切に表現している。	

(2)「飲料水，電気，ガスを供給する事業」の評価規準の設定例

知識・技能	思考・判断・表現	主体的に学習に取り組む態度
①供給の仕組みや経路，県内外の人々の協力などについて見学・調査したり地図などの資料で調べたりして，必要な情報を集め，読み取り，飲料水，電気，ガスを供給する事業の様子を理解している。	①供給の仕組みや経路，県内外の人々の協力などに着目して，問いを見いだし，飲料水，電気，ガスを供給する事業の様子について考え表現している。	①飲料水，電気，ガスを供給する事業について，予想や学習計画を立て，学習を振り返ったり見直したりして，主体的に学習問題を追究し，解決しようとしている。
②調べたことを白地図や図表，文などにまとめ，飲料水，電気，ガスを供給する事業は，安全で安定的に供給できるように進められていることや，地域の人々の健康な生活環境の維持と向上に役立っていることを理解している。	②飲料水，電気，ガスを供給する事業と人々の生活を関連付けて，それらの事業の果たす役割を考えたり，学習したことを基に節水や節電など，自分たちが協力できることを考えたり選択・判断したりして表現している。	②学習したことを基に節水や節電などについて，自分たちが協力できることを考えようとしている。

(2)「廃棄物を処理する事業」の評価規準の設定例

知識・技能	思考・判断・表現	主体的に学習に取り組む態度
①処理の仕組みや再利用，県内外の人々の協力などについて見学・調査したり地図などの資料で調べたりして，必要な情報を集め，読み取り，廃棄物の処理のための事業の様子を理解している。	①処理の仕組みや再利用，県内外の人々の協力などに着目して，問いを見いだし，廃棄物を処理する事業の様子について考え表現している。	①廃棄物を処理する事業について，予想や学習計画を立て，学習を振り返ったり見直したりして，主体的に学習問題を追究し，解決しようとしている。
②調べたことを白地図や図表，文などにまとめ，廃棄物を処理する事業は，衛生的な処理や資源の有効利用ができるよう進められていること，生活環境の維持と向上に役立っていることを理解している。	②ごみや下水などの廃棄物を処理する仕組みや人々の協力関係と地域の良好な生活環境を関連付けて廃棄物の処理のための事業が果たす役割を考えたり，学習したことを基に，ごみの減量や水を汚さない工夫など，自分たちが協力できることを考えたり選択・判断したりして表現している。	②学習したことを基にごみを減らしたり水を汚したりしないために，自分たちが協力できることを考えようとしている。

(3) 「自然災害から人々を守る活動」の評価規準の設定例

知識・技能	思考・判断・表現	主体的に学習に取り組む態度
①過去に発生した地域の自然災害，関係機関の協力などについて関係者からの聞き取り調査をしたり地図や年表などの資料などで調べたりして，必要な情報を集め，読み取り，災害から人々を守る活動を理解している。 ②調べたことを<u>年表や図表</u>，文などにまとめ，地域の関係機関や人々は，自然災害に対し，様々な協力をして対処してきたことや，今後想定される災害に対し，様々な備えをしていることを理解している。	①過去に発生した地域の自然災害，関係機関の協力などに着目して，問いを見いだし，災害から人々を守る活動について考え表現している。 ②<u>災害から人々を守る活動と人々の生活を関連付けて</u>，その働きを考えたり，学習したことを基に地域で起こり得る災害を想定し，日頃から必要な備えをするなど，自分たちにできることなどを考えたり選択・判断したりして，適切に表現している。	①自然災害から人々を守る活動について，予想や学習計画を立て，学習を振り返ったり見直したりして，主体的に学習問題を追究し，解決しようとしている。 ②学習したことを基に地域で起こり得る災害を想定し，日頃から必要な備えをするなど，自分たちにできることなどを考えようとしている。

(4) 「県内の伝統や文化」の評価規準の設定例

知識・技能	思考・判断・表現	主体的に学習に取り組む態度
①歴史的背景や現在に至る経過,保存の継承のための取組などについて<u>博物館や資料館などを</u>見学・調査したり地図などの資料などで調べたりして,必要な情報を集め,読み取り,県内の文化財や年中行事の様子を理解している。 ②調べたことを年表や文などにまとめ，県内の文化財や年中行事は，地域の人々が受け継いできたことやそれらには地域の発展など人々の様々な願いが込められていることを理解している。	①歴史的背景や現在に至る経過，保存の継承のための取組などに着目して，問いを見いだし，県内の文化財や年中行事の様子について考え，表現している。 ②<u>文化財や年中行事の保存・継承に取り組む人々の工夫や努力と人々の願いを関連付けて</u>，県内の文化財や年中行事に対する人々の願いや努力を考えたり，<u>地域の伝統や文化の保存や継承に関わって，自分たちにできることなどを考えたり選択・判断したりして</u>，適切に表現している。	①県内の伝統や文化について，予想や学習計画を立て，学習を振り返ったり見直したりして，主体的に学習問題を追究し，解決しようとしている。 ②学習したことを基に地域の<u>伝統や文化の保存や継承に関わって，自分たちにできる</u>ことなどを考えようとしている。

(4)「先人の働き」の評価規準の設定例

知識・技能	思考・判断・表現	主体的に学習に取り組む態度
①当時の世の中の課題や人々の願いなどについて<u>博物館や資料館などを見学・調査</u>したり地図などの資料などで調べたりして，必要な情報を集め，読み取り，地域の発展に尽くした先人の具体的事例を理解している。 ②調べたことを年表や文などにまとめ，地域の発展に尽くした先人は，様々な苦心や努力により当時の生活の向上に貢献したことを理解している。	①当時の世の中の課題や人々の願いなどに着目して，問いを見いだし，地域の発展に尽くした先人の具体的事例について考え，表現している。 ②<u>先人の働きと地域の発展や人々の生活の向上を関連付けて</u>，地域の発展に尽くした先人の働きを考え，適切に表現している。	①先人の働きについて，予想や学習計画を立て，学習を振り返ったり見直したりして，主体的に学習問題を追究し，解決しようとしている。

(5)「県内の特色ある地域の様子」の評価規準の設定例

知識・技能	思考・判断・表現	主体的に学習に取り組む態度
①特色ある地域の位置や自然環境，人々の活動や産業の歴史的背景，人々の協力関係などについて地図帳や各種の資料などで調べて，必要な情報を集め，読み取り，地域の様子を理解している。 ②調べたことを白地図や文などにまとめ，県内の特色ある地域では，人々が協力し，特色あるまちづくりや観光などの産業の発展に努めていることを理解している。	①特色ある地域の位置や自然環境，人々の活動や産業の歴史的背景，人々の協力関係などに着目して，問いを見いだし，地域の様子について考え表現している。 ②<u>特色ある地域の人々の活動や産業とそれらの地域の発展を関連付けたり，自分たちの住む地域と比較したりして</u>，地域の様子の特色を考え，適切に表現している。	①県内の特色ある地域の様子について，予想や学習計画を立て，学習を振り返ったり見直したりして，主体的に学習問題を追究し，解決しようとしている。

【第5学年】

⑴ 「我が国の国土の様子と国民生活―国土の位置・構成・領土の範囲―」の評価規準の設定例

知識・技能	思考・判断・表現	主体的に学習に取り組む態度
①世界の大陸と主な海洋，主な国の位置，海洋に囲まれ多数の島からなる国土の構成などについて地図帳や地球儀，各種の資料などで調べて，必要な情報を集め，読み取り，我が国の国土の様子を理解している。 ②調べたことを文などにまとめ，世界における我が国の国土の位置，国土の構成，領土の範囲などを大まかに理解している。	①世界の大陸と主な海洋，主な国の位置，海洋に囲まれ多数の島からなる国土の構成などに着目して，問いを見いだし，我が国の国土の様子について考え表現している。 ②我が国の国土の様子について調べたことを総合して，我が国の国土の様子の特色を考え，適切に表現している。	①我が国の国土の様子について，予想や学習計画を立て，学習を振り返ったり見直したりして，主体的に学習問題を追究し，解決しようとしている。

⑴ 「我が国の国土の様子と国民生活―国土の地形や気候の概要―」の評価規準の設定例

知識・技能	思考・判断・表現	主体的に学習に取り組む態度
①地形や気候などについて地図帳や地球儀，各種の資料などで調べて，必要な情報を集め，読み取り，国土の自然などの様子や自然条件から見て特色ある地域の人々の生活を理解している。 ②調べたことを文などにまとめ，我が国の国土の地形や気候の概要を理解するとともに，人々は自然環境に適応して生活していることを理解している。	①地形や気候などに着目して，問いを見いだし，国土の自然などの様子や自然条件から見て特色ある地域の人々の生活について考え表現している。 ②国土の位置と地形や気候，国民生活とを関連付けて，国土の自然環境の特色やそれらと国民生活との関連を考え，適切に表現している。	①我が国の国土の地形や気候の概要について，予想や学習計画を立て，学習を振り返ったり見直したりして，主体的に学習問題を追究し，解決しようとしている。

⑵「我が国の農業や水産業における食料生産―食料生産の概要―」の評価規準の設定例

知識・技能	思考・判断・表現	主体的に学習に取り組む態度
①生産物の種類や分布，生産量の変化，輸入など外国との関わりなどについて地図帳や地球儀，各種の資料などで調べて，必要な情報を集め，読み取り，食料生産の概要を理解している。	①生産物の種類や分布，生産量の変化，輸入など外国との関わりなどに着目して，問いを見いだし，食料生産の概要について考え表現している。	①我が国の食料生産の概要について，予想や学習計画を立て，学習を振り返ったり見直したりして，主体的に学習問題を追究し，解決しようとしている。
②調べたことを文などにまとめ，我が国の食料生産は，自然条件を生かして営まれていることや，国民の食料を確保する重要な役割を果たしていることを理解している。	②食料生産と国民生活を関連付けて，食料生産が国民生活に果たす役割を考えたり，学習したことを基に消費者や生産者の立場などから多角的に考えて，これからの農業などの発展について自分の考えをまとめたりして，適切に表現している。	②学習したことを基に消費者や生産者の立場などから，これからの農業などの発展について考えようとしている。

⑵「我が国の農業や水産業における食料生産―稲作・水産業等―」の評価規準の設定例

知識・技能	思考・判断・表現	主体的に学習に取り組む態度
①生産の工程，人々の協力関係，技術の向上，輸送，価格や費用などについて地図帳や地球儀，各種の資料などで調べて，必要な情報を集め，読み取り，食料生産に関わる人々の工夫や努力を理解している。	①生産の工程，人々の協力関係，技術の向上，輸送，価格や費用などに着目して，問いを見いだし，食料生産に関わる人々の工夫や努力について考え表現している。	①我が国の農業や水産業における食料生産について，予想や学習計画を立て，学習を振り返ったり見直したりして，主体的に学習問題を追究し，解決しようとしている。
②調べたことを文などにまとめ，食料生産に関わる人々は，生産性や品質を高めるよう努力したり輸送方法や販売方法を工夫したりして，良質な食料を消費地に届けるなど，食料生産を支えていることを理解している。	②食料生産に関わる人々の工夫や努力とその土地の自然条件や需要を関連付けて，食料生産に関わる人々の働きを考えたり，学習したことを基に消費者や生産者の立場などから多角的に考えて，これからの農業などの発展について自分の考えをまとめたりして，適切に表現している。	②学習したことを基に消費者や生産者の立場などから，これからの農業などの発展について考えようとしている。

(3) 「我が国の工業生産―工業生産の概要―」の評価規準の設定例

知識・技能	思考・判断・表現	主体的に学習に取り組む態度
①工業の種類，工業の盛んな地域の分布，工業製品の改良などについて地図帳や地球儀，各種の資料などで調べて，必要な情報を集め，読み取り，工業生産の概要を理解している。	①工業の種類，工業の盛んな地域の分布，工業製品の改良などに着目して，問いを見いだし，工業生産の概要について考え表現している。	①我が国の工業生産の概要について，予想や学習計画を立て，学習を振り返ったり見直したりして，主体的に学習問題を追究し，解決しようとしている。
②調べたことを文などにまとめ，我が国では様々な工業生産が行われていることや，国土には工業の盛んな地域が広がっていること及び工業製品は国民生活の向上に重要な役割を果たしていることを理解している。	②工業製品と国民生活を関連付けて，工業生産が国民生活に果たす役割を考えたり，学習したことを基に消費者や生産者の立場などから多角的に考えて，これからの工業の発展について自分の考えをまとめたりして，適切に表現している。	②学習したことを基に消費者や生産者の立場などから，これからの工業の発展について考えようとしている。

(3) 「我が国の工業生産―工業生産に関わる人々―」の評価規準の設定例

知識・技能	思考・判断・表現	主体的に学習に取り組む態度
①製造の工程，工場相互の協力関係，優れた技術などについて地図帳や地球儀，各種の資料などで調べて，必要な情報を集め，読み取り，工業生産に関わる人々の工夫や努力を理解している。	①製造の工程，工場相互の協力関係，優れた技術などに着目して，問いを見いだし，工業生産の概要，工業生産に関わる人々の工夫や努力について考え表現している。	①我が国の工業生産について，予想や学習計画を立て，学習を振り返ったり見直したりして，主体的に学習問題を追究し，解決しようとしている。
②調べたことを文や図表などにまとめ，工業生産に関わる人々は，消費者の需要や社会の変化に対応し，優れた製品を生産するよう様々な工夫や努力をして，工業生産を支えていることを理解している。	②工業生産と国民生活を関連付けて，工業生産に関わる人々の働きを考えたり，学習したことを基に消費者や生産者の立場などから多角的に考えて，これからの工業の発展について自分の考えをまとめたりして，適切に表現している。	②学習したことを基に消費者や生産者の立場などから，これからの工業の発展について考えようとしている。

(3)「我が国の工業生産―貿易と運輸―」の評価規準の設定例

知識・技能	思考・判断・表現	主体的に学習に取り組む態度
①交通網の広がり，外国との関わりなどについて地図帳や地球儀，各種の資料などで調べて，必要な情報を集め，読み取り，貿易や運輸の様子を理解している。 ②調べたことを文などにまとめ，貿易や運輸は，原材料の確保や製品の販売などにおいて，工業生産を支える重要な役割を果たしていることを理解している。	①交通網の広がり，外国との関わりなどに着目して，問いを見いだし，貿易や運輸の様子について考え表現している。 ②貿易や運輸と工業生産を関連付けて，貿易や運輸の役割を考え，適切に表現している。	①工業生産を支える貿易や運輸について，予想や学習計画を立て，学習を振り返ったり見直したりして，主体的に学習問題を追究し，解決しようとしている。

(4)「我が国の産業と情報との関わり―放送，新聞などの産業―」の評価規準の設定例

知識・技能	思考・判断・表現	主体的に学習に取り組む態度
①情報を集め発信するまでの工夫や努力などについて放送局や新聞社への聞き取り調査をしたり映像や新聞などの各種資料などで調べたりして，必要な情報を集め，読み取り，放送，新聞などの産業の様子を理解している。	①情報を集め発信するまでの工夫や努力などに着目して，問いを見いだし，放送，新聞などの産業の様子について考え表現している。	①放送，新聞などの産業について，予想や学習計画を立て，学習を振り返ったり見直したりして，主体的に学習問題を追究し，解決しようとしている。
②調べたことを文などにまとめ，放送，新聞などの産業は，国民生活に大きな影響を及ぼしていることを理解している。	②放送局や新聞社などから発信される情報と国民生活とを関連付け，放送，新聞などの産業が国民生活に果たす役割を考えたり，情報を有効に活用することについて情報の送り手と受け手の立場から多角的に考えたりして，適切に表現している。	②学習したことを基に情報を有効に活用することについて，情報の送り手と受け手の立場から受け手として正しく判断することや送り手として責任をもつことの大切さについて考えようとしている。

(4)「我が国の産業と情報との関わり―産業における情報活用の現状―」の評価規準の設定例

知識・技能	思考・判断・表現	主体的に学習に取り組む態度
①情報の種類,情報の活用の仕方などについて情報を生かして発展している産業に従事している人への聞き取り調査をしたり映像や新聞などの各種資料などで調べたりして,必要な情報を集め,読み取り,産業における情報活用の現状を理解している。	①情報の種類,情報の活用の仕方などに着目して,問いを見いだし,産業における情報活用の現状について考え表現している。	①情報を活用して発展する産業について,予想や学習計画を立て,学習を振り返ったり見直したりして,主体的に学習問題を追究し,解決しようとしている。
②調べたことを文などにまとめ,大量の情報や情報通信技術の活用は,様々な産業を発展させ,国民生活を向上させていることを理解している。	②情報を活用した産業の変化や発展と国民生活とを関連付け,情報を生かして発展する産業が国民生活に果たす役割を考えたり,学習したことを基に産業と国民の立場から多角的に考えて,情報化の進展に伴う産業の発展や国民生活の向上について,自分の考えをまとめたりして,適切に表現している。	②学習したことを基に産業と国民の立場から情報化の進展に伴う産業の発展や国民生活の向上について,考えようとしている。

(5)「我が国の国土の自然環境と国民生活との関連―自然災害―」の評価規準の設定例

知識・技能	思考・判断・表現	主体的に学習に取り組む態度
①災害の種類や発生の位置や時期,防災対策などについて地図帳や各種の資料などで調べて,必要な情報を集め,読み取り,国土の自然災害の状況を理解している。	①災害の種類や発生の位置や時期,防災対策などに着目して,問いを見いだし,国土の自然災害の状況について考え表現している。	①我が国の自然災害について,予想や学習計画を立て,学習を振り返ったり見直したりして,主体的に学習問題を追究し,解決しようとしている。
②調べたことを文,白地図や年表,図表などにまとめ,自然災害は国土の自然条件などと関連して発生していることや,自然災害から国土を保全し国民生活を守るために国や県などが様々な対策や事業を進めていることを理解している。	②自然災害と国土の自然条件を関連付け,国土の自然災害の状況と自然条件との関連を考え,適切に表現している。	

⑸「我が国の国土の自然環境と国民生活との関連―森林資源―」の評価規準の設定例

知識・技能	思考・判断・表現	主体的に学習に取り組む態度
①森林資源の分布や働きなどについて地図帳や各種の資料などで調べて，必要な情報を集め，読み取り，国土の環境を理解している。	①森林資源の分布や働きなどに着目して，問いを見いだし，国土の環境について考え表現している。	①我が国の森林資源について，予想や学習計画を立て，学習を振り返ったり見直したりして，主体的に学習問題を追究し，解決しようとしている。
②調べたことを文や白地図などにまとめ，森林は，その育成や保護に従事している人々の様々な工夫と努力により国土の保全など重要な役割を果たしていることを理解している。	②森林と国土保全や国民生活を関連付け，森林資源が果たす役割を考えたり，学習したことを基に国土の環境保全について，自分たちにできることなどを考えたり選択・判断したりして，適切に表現している。	②学習したことを基に国土の環境保全について，自分たちにできることなどを考えようとしている。

⑸「我が国の国土の自然環境と国民生活との関連―公害の防止―」の評価規準の設定例

知識・技能	思考・判断・表現	主体的に学習に取り組む態度
①公害の発生時期や経過，人々の協力や努力などについて地図帳や各種の資料などで調べて，必要な情報を集め，読み取り，公害防止の取組を理解している。	①公害の発生時期や経過，人々の協力や努力などに着目して，問いを見いだし，公害防止の取組について考え表現している。	①公害の防止について，予想や学習計画を立て，学習を振り返ったり見直したりして，主体的に学習問題を追究し，解決しようとしている。
②調べたことを文，白地図や図表などにまとめ，関係機関や地域の人々の様々な努力により公害の防止や生活環境の改善が図られてきたことや公害から国土の環境や国民の健康な生活を守ることの大切さを理解している。	②公害防止の取組と国土の環境や国民の健康な生活を関連付け，公害防止の取組の働きを考えたり，学習したことを基に国土の環境保全について，自分たちにできることなどを考えたり選択・判断したりして，適切に表現している。	②学習したことを基に国土の環境保全について，自分たちにできることなどを考えようとしている。

【第6学年】

(1)「我が国の政治の働き―我が国の民主政治―」の評価規準の設定例

知識・技能	思考・判断・表現	主体的に学習に取り組む態度
①日本国憲法の基本的な考え方について見学・調査したり各種の資料などで調べたりして，必要な情報を集め，読み取り，我が国の民主政治を理解している。 ②調べたことを図表や文などにまとめ，日本国憲法は国家の理想，天皇の地位，国民としての権利及び義務など国家や国民生活の基本を定めていることや，現在の我が国の民主政治は日本国憲法の基本的な考え方に基づいていること，立法，行政，司法の三権がそれぞれの役割を果たしていることを理解している。	①日本国憲法の基本的な考え方に着目して，問いを見いだし，我が国の民主政治について考え表現している。 ②日本国憲法と国民生活，国会，内閣，裁判所と国民をそれぞれ関連付け，日本国憲法が国民生活に果たす役割や，国会，内閣，裁判所と国民との関わりを考えたり，学習したことを基に国民としての政治への関わり方について多角的に考えて，自分の考えをまとめたりして，適切に表現している。	①我が国の政治の働きについて，予想や学習計画を立て，学習を振り返ったり見直したりして，主体的に学習問題を追究し，解決しようとしている。 ②学習したことを基に国民としての政治への関わり方について考えようとしている。

(1)「我が国の政治の働き―国や地方公共団体の政治の取組―」の評価規準の設定例

知識・技能	思考・判断・表現	主体的に学習に取り組む態度
①政策の内容計画から実施までの過程，法令や予算との関わりなどについて見学・調査したり各種の資料などで調べたりして，必要な情報を集め，読み取り，国や地方公共団体の政治の取組を理解している。 ②調べたことを図表や文などにまとめ，国や地方公共団体の政治は，国民主権の考え方の下，国民生活の安定と向上を図る大切な働きをしていることを理解している。	①政策の内容計画から実施までの過程，法令や予算との関わりなどに着目して，問いを見いだし，国や地方公共団体の政治の取組について考え表現している。 ②国や地方公共団体の政治の取組と国民生活を関連付け，国民生活における政治の働きを考え，適切に表現している。	①国や地方公共団体の政治の働きについて，予想や学習計画を立て，学習を振り返ったり見直したりして，主体的に学習問題を追究し，解決しようとしている。

(2)「我が国の歴史上の主な事象」の評価規準の設定例

知識・技能	思考・判断・表現	主体的に学習に取り組む態度
①世の中の様子，人物の働きや代表的な文化遺産などについて遺跡や文化財，地図や年表などの資料などで調べて，必要な情報を集め，読み取り，我が国の歴史上の主な事象を理解している。 ②調べたことを文などにまとめ，我が国の歴史上の主な事象を手掛かりに，大まかな歴史を理解するとともに，関連する先人の業績，優れた文化遺産を理解している。 ※我が国の歴史上の主な事象の理解については…… ○むらからくにへと変化したことを理解している。 ○天皇を中心とした政治が確立されたことを理解している。 ○日本風の文化が生まれたことを理解している。 ○武士による政治が始まったことを理解している。 ○今日の生活文化につながる室町文化が生まれたことを理解している。 ○戦国の世が統一されたことを理解している。 ○武士による政治が安定したことを理解している。 ○町人の文化が栄え新しい学問がおこったことを理解している。 ○我が国が明治維新を機に欧米の文化を取り入れつつ近代化を進めたことを理解している。 ○我が国の国力が充実し国際的地位が向上したことを理解している。 ○戦後我が国は民主的な国家として出発し，国民生活が向上し，国際社会の中で重要な役割を果たしてきたことを理解している。	①世の中の様子，人物の働きや代表的な文化遺産などに着目して，問いを見いだし，我が国の歴史上の主な事象について考え表現している。 ②事象を比較したり関連付けたり，総合したりして，我が国の歴史の展開を考えるとともに，歴史を学ぶ意味を考え，適切に表現している。	①我が国の歴史上の主な事象について，予想や学習計画を立て，学習を振り返ったり見直したりして，主体的に学習問題を追究し，解決しようとしている。

(3)「グローバル化する世界と日本の役割―国際交流―」の評価規準の設定例

知識・技能	思考・判断・表現	主体的に学習に取り組む態度
①外国の人々の生活の様子などについて地図帳や地球儀,各種の資料などで調べて,必要な情報を集め,読み取り,日本の文化や習慣との違いを理解している。 ②調べたことを文などにまとめ,我が国と経済や文化などの面でつながりの深い国の人々の生活は,多様であることやスポーツや文化などを通して他国と交流し,異なる文化や習慣を尊重し合うことが大切であることを理解している。	①外国の人々の生活の様子などに着目して,問いを見いだし,日本の文化や習慣との違いについて考え表現している。 ②世界の国々の文化や習慣は多様であることとスポーツや文化などを通して他国と交流することを関連付け,国際交流の果たす役割を考えたり,学習したことを基に世界の人々と共に生きていくために大切なことを考えたり選択・判断したりして,適切に表現している。	①我が国とつながりの深い国について,予想や学習計画を立て,学習を振り返ったり見直したりして,主体的に学習問題を追究し,解決しようとしている。 ②学習したことを基に世界の人々と共に生きていくために大切なことを考えようとしている。

(3)「グローバル化する世界と日本の役割―国際協力―」の評価規準の設定例

知識・技能	思考・判断・表現	主体的に学習に取り組む態度
①地球規模で発生している課題の解決に向けた連携・協力などについて地図帳や地球儀,各種の資料などで調べて,必要な情報を集め,読み取り,国際連合の働きや我が国の国際協力の様子を理解している。 ②調べたことを文などにまとめ,我が国は,平和な世界の実現のために国際連合の一員として重要な役割を果たしたり,諸外国の発展のために援助や協力を行ったりしていることを理解している。	①地球規模で発生している課題の解決に向けた連携・協力などに着目して,問いを見いだし,国際連合の働きや我が国の国際協力の様子について考え表現している。 ②地球規模で発生している課題とその解決のための連携や協力の様子を関連付け,国際社会において我が国が果たしている役割を考えたり,学習したことを基に今後,我が国が国際社会において果たすべき役割などを多角的に考えたり選択・判断したりして,適切に表現している。	①我が国の国際協力について,予想や学習計画を立て,学習を振り返ったり見直したりして,主体的に学習問題を追究し,解決しようとしている。 ②学習したことを基に今後,我が国が国際社会において果たすべき役割などを考えようとしている。

⑷　指導と評価の一体化を図る

　学習評価は児童の学習状況を把握して指導に生かすことを基本としています。一方で，法定の表簿である児童指導要録における「評定（3，2，1）」を定めるための評価資料を集める趣旨から，ＡＢＣの評価を定めて記録する必要もあります。すなわち，学習評価には「評価したことを指導に生かす」と「評価したことを記録に残す」という二つの側面があります。

　「評価したことを指導に生かす」ことは，毎時間行います。子供一人一人の学習状況を把握して，指導に生かすためには，評価規準に照らして，「どのような評価資料から，どのような具体的な姿を捉えるのか」という評価方法を明確にしておく必要があります。学習状況を具体的に捉えるために「～（評価資料）から，『～しているか』を評価する」という記述でまとめるとよいでしょう。あらかじめ『～しているか』という姿を具体的に想定しておくことで，「努力を要する」すなわち「～していない」と評価せざるを得ない子供への指導の手立てが明確になるからです。

〈評価規準・評価の観点〉（第4学年⑵）
【知識・技能】「見学・調査したり地図などの資料で調べたりして，必要な情報を集め，読み取り，燃えるごみを処理する仕組みなどについて理解している」
〈評価方法・評価の観点〉（第4学年⑵）
【知識・技能】ノートや見学カードへの記述内容から「必要な情報を集め，読み取り，燃えるごみを処理する仕組みなどについて理解しているか」を評価する。

　「評価したことを指導に生かす」ことは，基本的に毎時間行いますが，その中で特に指導した結果としての評価資料を全ての子供から収集する場面を重点的に設定し，「評価したことを記録に残す」場面とします。

「**評価したことを記録に残す**」場面は，「指導と評価の一体化」の観点から，単元の目標に沿って指導した結果が表れる場面が考えられます。そのため，評価資料を集めてＡＢＣを定める場面は，単元の後半に多くなると考えることができます。ただし，「評価資料は必ず単元後半で集め，単元前半では集めない」などと固定的には考えず，柔軟に計画することが大切です。単元の学習全体を見据えて，三つの資質・能力を意図的・計画的に養うよう指導し，指導した結果を評価資料とすることを基本とし，単元の前半において評価資料を集める場合には，目標に沿って丁寧に指導した上で，その結果を評価資料とする必要があります。

また，学習評価を無理なく，効果的に進めていくためにも「学習評価場面の精選」が求められます。「児童生徒の学習評価の在り方について（報告）」（中央教育審議会初等中等教育分科会教育課程部会，2019年）では，「毎回の授業ではなく**原則として単元や題材など内容や時間のまとまりごとに**，それぞれの実現状況を把握できる段階で行う」と示されています。基本的に１時間１観点で学習状況を捉えるようにし，**単元全体を通して全ての観点で学習状況を捉えられるように**構成することが考えられます。

そのためには，その時間の指導のねらいやねらいを実現するための学習活動に即して評価規準を位置づけることが大切です。この一時間は，「このねらいを設定し，実現を図るために，このような学習活動を通すので，このような子供の姿を見取ることになる」というように全てが関連付いていることが大切です。つまり，その時間のねらいと評価規準が一体となっていることが，指導と評価の一体化には極めて重要なポイントです。

日々の授業の中で子供の学習状況を適宜把握して指導の改善に生かすことに重点を置くことが重要であり，記録を集めることに終始して，必要な指導や支援を行わないまま一方的に評価をするようなことがないようにしなければなりません。

指導と評価の計画を作成する

3 指導と評価の計画（全10時間）

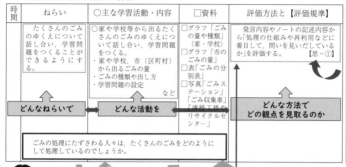

時間	ねらい	○主な学習活動・内容	□資料	評価方法と【評価規準】
	たくさんのごみのゆくえについて話し合い，学習問題をつくることができるようにする。	○家や学校等から出るたくさんのごみのゆくえについて話し合い，学習問題をつくる。 ・家や学校，市（区町村）から出るごみの量 ・ごみの種類や出し方 ・学習問題の設定 など	□グラフ「ごみの量や種類」（家・学校） □グラフ「市のごみの量」 □表「ごみの分別表」 □写真「ごみステーション」「ごみ収集車」「清掃工場やリサイクルセンター」	発言内容やノートの記述内容から「処理の仕組みや再利用などに着目して，問いを見いだしているか」を評価する。【思-①】

「問いを見いだす場面」では，発言内容やノートの記述内容から，「学校や家庭，市全体として出るごみの量や種類のグラフ」や「ごみの分別表」，「ごみステーションやごみ収集車，清掃工場やリサイクルセンターの写真」から処理の仕組みや再利用などに着目し，「どのようにごみを集めているのだろう」「集めたごみはどのように処理しているのだろう」「再利用は，どうしているのだろう」などと問いを見いだし，考え，表現しているかを評価した。

どんなねらいで ⇄ どんな活動を　　　どんな方法でどの観点を見取るのか

ごみの処理にたずさわる人々は，たくさんのごみをどのようにして処理しているのでしょうか。

ねらいの実現のために　　　活動を通して見取るねらいを実現している姿

単元の指導と評価の計画を作成する時に授業者が，ねらい，活動と関連させて，どの時間にどの観点でどのような方法で学習状況を見取るのか，を設定します。
学習評価場面の精選の考え方のもと，
基本的には，１時間１観点で設定するように，事例では示しています。

観点別評価の総括

	評価規準〔 〕内数字は時数を表す	Y児	U児	M児
知識・技能 評価を行う場面や頻度の精選を踏まえ，単元を通してそれぞれの観点の実現状況が把握できる段階で，評価した結果を記録に残し，総括的な評価を行った。	【知-①】〔③④〕			
	【知-①】〔⑤〕			
	【知-②】〔⑨〕	A	B	B
	単元の総括的な評価	A	B	B
学習過程の後半において行った評価結果を重視した。それは，最後の評価場面における評価結果は，継続的に指導を積み重ねた結果の学習状況であると捉えたからである。	【思-①】〔①〕			
	【思-①】〔⑦〕			
	【思-②】〔⑧〕	A	B	B
	【思-②】〔⑩〕			
	単元の総括的な評価	A	B	B
「主体的に問題解決しようとする態度「態-①」と，よりよい社会を考え学習したことを社会生活に生かそうとしている「態-②」という2つの態度について評価する	【態-①】〔②〕			
	【態-①】〔⑥〕	A	B	C
	【態-②】〔⑩〕	A	A	B
	単元の総括的な評価	A	B	B

第 3 章

学習活動を考え，
単元をデザインする

学習活動を考える，とは，「どの時間に，どのような活動を組むか」を単元を通して考えることである。

❶　問題解決的な学習過程をイメージする

　学習指導要領を読み，単元のイメージをもち，単元の目標と単元の評価規準をセットで考えることで，より具体的に単元をイメージすることができました。ここまできたら，「単元を通して，どのような活動をして，どのような資質・能力を育成しようとするか」が明確になってくるので，「どのような活動をして」を考えていくことになります。「どの時間に，どのような活動を組むか」を単元を通して考えていくことで，単元のイメージがより明確になっていきます。逆に考えると，学習活動は単元をイメージしながら考えることが大切，ということです。45分の授業，学習活動だけを考えても，問題解決的な学習過程を基本とする小学校社会科では，成立しないからです。

　そのためには，まず，小学校社会科の特質に応じた学習活動である問題解決的な学習過程についてイメージをもつことが大切です。問題解決的な学習とは，「単元などにおける学習問題を設定し，その問題の解決に向けて諸資料や調査活動などで調べ，社会的事象の特色や相互の関連，意味を考えたり，社会への関わり方を選択・判断したりして表現し，社会生活について理解したり，社会への関心を高めたりする学習」（「解説」p.20）などを指しています。そして，「問題解決的な学習過程の充実を図る際には，児童が社会的事象から学習問題を見いだし，問題解決の見通しをもって他者と協働的に追究し，追究結果を振り返ってまとめたり，新たな問いを見いだしたりする学習過程などを工夫することが考えられる。」（「解説」p.20）と説明しています。

　それでは，問題解決的な学習過程の充実に向けた小学校社会科の授業づくりについて，学習活動を考える際の大切なポイントを説明します。

小学校社会

目標：「課題を追究したり解決したりする活動」を通して

※小学校社会科の各学年の目標においては
「学習の問題を追究・解決する活動」と表記

問題解決的な学習過程の充実を図る際には…

主体的・対話的で深い学びを実現するよう
児童が社会的事象から学習問題を見いだし，問題解決の見通しをもって他者と協働的に追究し，追究結果を振り返ってまとめたり，新たな問いを見いだしたりする学習過程などを工夫することが考えられる。

「解説」p.20

問題解決的な学習過程の充実

教師が単元を意識できているのか？
教師が学びのプロセスを意識できているのか？

子供が

社会的事象から問いをもつ

解決の見通しを立て

資料などを活用して調べ，

みんなで話し合ったり，考えたりして

まとめる（解決する）

まとめたことを社会につなげたり，

新たな問いにつなげたりする

「単元で考える」

(1)　どの時間に，どのような活動を行うのか

　授業をつくるときは，具体的に学習活動を考えることになります。例えば，

・地域のスーパーマーケットに見学に行きたい　・GT を呼んで話を聞きたい

・子供たち同士の話合い活動を行いたい　　　　・ICT 端末を活用したい

・前の単元を生かして，学習を展開したい

・学習したことを基に社会への関わり方を選択・判断する学習活動を行いたい

などなど。そのときに大切なことは，「**子供の学びのプロセスを意識して，どの時間に，どのような活動を行うのか**」を考えることです。つまり，教師は単元をイメージしながら，その学習活動を単元のどこに位置づけるのか，と考えることが重要です。

(2)　学習活動の前後の学びを大切にする

　教師がこの単元で行いたい学習活動を考えて位置づけるときに，大切にしたいことは，以下の２つのことを考えることです。

・その学習活動までにどのような学びが必要か

・その後，どのような学びにつながるのか

　その時間の学習活動だけを考えても実際の授業はうまく進みません。それまでの学びの積み重ねがあり，その上で行いたい学習活動が成立するのです。また，学びはつながっていくので，学習活動がその後，どのようにつながっていくのか，生かされていくのか，教師は考えておく必要があるのです。

　さらに，学習活動を考える際に，『初等教育資料 2022年10月号』「社会科における主体的・対話的で深い学びの視点からの授業改善」で整理している授業改善のポイントも押さえておきましょう。

○子供が社会的事象から学習問題を見いだし，その解決への見通しをもって取り組むようにする。

○学習過程を通じた様々な場面で子供相互の話合いや討論などの活動を一層充実させ，自己の学びを広げるようにする。

○社会的事象の見方・考え方を働かせて，考察，構想や，説明，議論等の学習活動が組み込まれた課題を追究したり解決したりする活動が不可欠である。

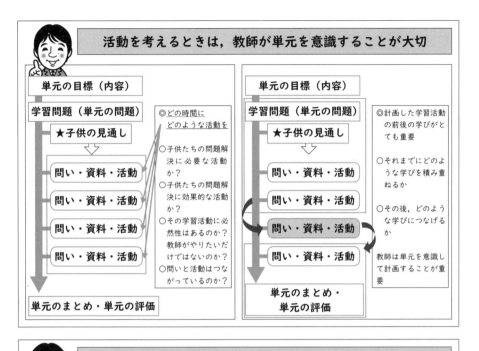

活動を考えるときは，教師が単元を意識することが大切

単元の目標（内容）

学習問題（単元の問題）

★子供の見通し

問い・資料・活動

問い・資料・活動

問い・資料・活動

問い・資料・活動

単元のまとめ・単元の評価

◎どの時間に
どのような活動を

○子供たちの問題解決に必要な活動か？

○子供たちの問題解決に効果的な活動か？

○その学習活動に必然性はあるのか？教師がやりたいだけではないのか？

○問いと活動はつながっているのか？

単元の目標（内容）

学習問題（単元の問題）

★子供の見通し

問い・資料・活動

問い・資料・活動

問い・資料・活動

問い・資料・活動

単元のまとめ・単元の評価

◎計画した学習活動の前後の学びがとても重要

○それまでにどのような学びを積み重ねるか

○その後，どのような学びにつなげるか

教師は単元を意識して計画することが重要

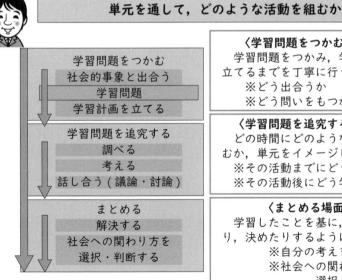

単元を通して，どのような活動を組むか

学習問題をつかむ
社会的事象と出合う
学習問題
学習計画を立てる

学習問題を追究する
調べる
考える
話し合う（議論・討論）

まとめる
解決する
社会への関わり方を
選択・判断する

〈学習問題をつかむ場面〉
学習問題をつかみ，学習計画を立てるまでを丁寧に行う
※どう出合うか
※どう問いをもつか

〈学習問題を追究する場面〉
どの時間にどのような活動を組むか，単元をイメージして考える
※その活動までにどう学ぶか
※その活動後にどう学ぶか

〈まとめる場面〉
学習したことを基に，まとめたり，決めたりするように組む
※自分の考えをまとめる
※社会への関わり方を
選択・判断する

❷ 問題解決の見通しをもつ

　問題解決的な学習過程の充実を図るには，単元全体を通して授業をデザインする必要があります。特に考えたいのは，単元の入り口です。子供が「問題解決の見通しをもつ」場面をどうデザインするか，が重要です。この場面は「主体的な学び」の視点にとどまらず，「主体的・対話的で深い学び」の実現に向けた授業づくりにおいて極めて重要な鍵になる場面でもあります。

　しかし，平成24・25年実施の学習指導要領実施状況調査教師質問紙を見ると，「児童の疑問を引き出すような資料提示の方法を工夫していますか。」や「児童に予想に基づいて調べる計画を立てるよう指導していますか。」の問いに対して「そうしている」と回答した割合が他の項目と比べて低くなっています。ここが課題と言えます。

　「主体的な学び」の視点から大切にしたいことは，子供たちが学習の見通しをもつことです。学習の見通しをもつとは，子供たちが社会的事象と出合い，疑問や予想をもち，学習問題（問い）をつくり，生活経験や既習事項を基に学習問題の解決に向けて予想し，学習計画を立てる，といった「問題解決の見通しをもつ」ことです。

　問題解決的な学習において，「学習問題（問い）」が重要な役割を果たしていることは言うまでもありませんが，その上で，子供たちが学習問題（問い）を立てる前後で「予想する」こと，この活動を大切にしたいのです。子供たちは，まず，生活経験や既習事項と結び付けて解決のために予想するからです。子供自らの予想こそ，学習問題（問い）につながり，学習への見通しにつながっていくのです。そのためには，まず，社会的事象とどのように出合うかが重要になります。その出合いが，子供たちの中に驚きや疑問を生み，主体的な問題解決の始まりとなるからです。さらに，子供たちが，「学習問題（問い）を把握する」ことや解決のために「予想をする」ことを丁寧に扱うことで，子供による問題解決の見通しにつながるのです。

　それでは，小学校現場で実際に行われた，いくつかの良い事例を基に具体的に説明します。

社会科における
主体的・対話的で深い学びの視点からの授業改善

『初等教育資料 2022年10月号』p.13 〜

問題解決的な学習過程の充実
教師が社会科の授業を**「単元で考える」**ことが重要

〈授業改善のポイント〉
○児童が社会的事象から<u>学習問題を見いだし</u>，
　　　　　　　<u>その解決への見通しをもって取り組む</u>ようにする

○学習過程を通じた様々な場面で**児童相互の話合いや討論**などの活
　動を一層充実させ，<u>自己の学びを広げる</u>ようにする。

○<u>社会的事象の見方・考え方を働かせて</u>，考察，構想や，説明，議
　論等の学習活動が組み込まれた課題を追究したり解決したりする
　活動が不可欠である。

子供の主体的な学びを展開するためには

まず，大切にしたいことは子供たちが
「学習の見通しをもつ」ことである。
「学習の見通しをもつ」とは，
<u>子供たちが学習問題（問い）を把握し，</u>
<u>生活経験や既習を基に予想し，学習計画を立てる，</u>
といった問題解決への見通しをもつことである。

学習問題設定・解決の見通し（学習計画）までの プロセスを丁寧に行う

社会的事象とどう出合わせるか
※資料・活動・問いを工夫して

例：実物，映像，
写真，驚き！等

問いをどう見いださせるか

例：疑問？，比較，
ブラックボックス
等

(1) 第3学年「地域の安全を守る働き」：「驚き！と疑問？」で問いを生む仕掛け
A小の実践

消防署の働きの導入場面で具体的に説明します。

T【動画】カーテンが燃え，建物に火が移る
　・発生から全焼するまでが約10分
C：「はやい」「たいへん」「たった10分で全焼してしまうと知ってびっくり」
　※全焼まであっという間（驚き）
T【資料】昨年の火災発生件数と全焼件数
　・火災111件　→　全焼０件
C：「０件？どうして？」「よかったけど，０件はびっくり」「全部消したの？」
　※全焼が多いという予想とのギャップ（驚き→疑問）
T【問い】なぜ，全焼が０件なのだろう
C：「消防車がはやくかけつけたのではないか」
　「火事を見つけた人が，消防車が来るまで火を消して広がらないようにしたのではないか」「消防団の人が消したのではないか」
　「消火器があるから，それを使って消したのではないか」
　※予想を含んだ問いとなって出てくる
T：学習問題に集約し，共有する
・『火事から地域の安全を守るためにだれがどのようなことをしているのだろう。』
　※解決する学習問題を共有し見通しへ
T：【資料】火災現場の様子（想像図）
C：「消防士がはやく来て火を消している」「消防団や地域の人が火を消している」
　「火を消す訓練をして，全焼しないように消している」……（予想）
　※学習問題解決の予想を基に，調べる計画を子供たちと一緒に作っていく。

　このように，子供は驚きをもって「火事」という社会的事象に出合い，「なぜ」という問いをもち「火事から地域を守る働き」を追究します。丁寧な仕掛けにより子供の問いから学習問題，さらに子供自身で予想，見通しを立てていきます。

仕掛け I **全焼** 10分　！驚き →全焼までの時間は「早い」　　　A小学校で行われた実践

> えー！　これは，やばい！　はやいよ！

仕掛け 2　　　　　　　　　火災 III 件→全焼 0 件　疑問？

「火災の発生件数と全焼した件数」

> えー！　0件，どうして？　よかったけど，びっくり

Q：なぜ…………？

Q の予想をする（予想を含んだ問い）
・消防士さんが，……　・設備があるから……　・まず地域の人が……

**学習問題：火事から地域の安全を守るために，
だれがどのようなことをしているのか？**

学習問題の予想をする→見通し（学習計画）

社会的事象との出合い
【教師の仕掛け①】出合わせ方の工夫
　・子供の「えー」を引き出す資料提示
　・子供の驚き！を生み出す資料提示
　・子供の疑問？を生み出す資料提示

A 小 STYLE
「問題解決の見通しをもつ」
までを丁寧に行う

子供になぜ？が生まれる
【教師の仕掛け②】？を生み出す工夫
　・？を生み出す資料提示
　・？を生み出す活動
　・？を生み出す発問

？を予想する
【教師の仕掛け③】予想の整理

学習問題をつくる
【教師の仕掛け④】集約化・焦点化
　・問題解決の方向性を共有化する

見通しをたてる
【教師の仕掛け⑤】予想から見通しへ
　・予想につながる資料提示
　・予想から見通しにつなげる
　・学習計画を立てる

⑵ **第4学年「廃棄物を処理する事業」:「ブラックボックス型」で問いを生む仕掛け　B小の実践**

　昭和30年代のごみ処理の様子と現在のごみ処理の様子の2枚の資料を提示します。子供たちは、提示された2枚の写真を比べて、違い、変化を考えます。そこから、ごみ処理の様子の違いを見つけて発表していきます。さらに、見つけたことから、「ごみの集め方が変わったのではないか。」など考えたことを発表していきます。発表が進んでいく中で、教師は一人一人の問いをみんなの問いにして、学級で共有していきます。単元を通して追究していく学習問題を「東京都のごみの処理の仕方はどのように変わったのであろう。」と設定しました。

　次に子供たちは学習問題について、予想をしていきます。子供たちは、次のように予想を問いの形で発表していきました。

○ごみの処理の仕方が変わったのではないか（処理の仕組み）

○処理する場所が変わったのではないか（処理の仕組み）

○分別の仕方が変わったのではないか（処理の仕組み）

○リサイクルが増えたのではないか（処理の仕組み・再利用）

○住民の意識が変わったのではないか、住民たちが努力したのではないか
　（協力・関わり方）

　本時の学習を通して、子供たちは「処理の仕組みや再利用、県内外の人々の協力などに着目して」問いを見いだしたことになります。次時からは、この問いを基に、調べる活動を展開します。つまり、子供たちはこの時間の学習を通して、追究の視点を見いだし、次時から追究・解決へと学習を進めていくことになります。本時は、社会的事象の見方・考え方を働かせ、追究・解決していく学習過程のまさに入口の重要な活動になっていることを示しています。

⑶ **第3学年「地域に見られる生産の仕事」:「実物の比較・体験」で問いを生む仕掛け　C小の実践**

　2つの「小松菜」を用意します。1つは、自分たちが学校で大切に育てて

B小学校で行われた実践

教師の仕掛け：ブラックボックス型

| 昭和30年代のゴミ収集 東京ゴミ戦争 | ○年 → | 今のゴミ収集 |

この○年の間に何があったのだろう？

AからBへの変化に問いをもち，理由を予想して調べる事柄をつかむ

2時
○ゴミの処理の仕方が変わったのではないか　処理の仕組み　問い
○処理する場所が変わったのではないか（清掃工場・最終処分場・収集場所）
○リサイクルが増えたのではないか　○分別の仕方が変わったのではないか
○住民の意識が変わったのではないか＝住民たちが努力した　再利用　協力

「自分たちが協力できることを考えようとする」につながる

3時
学習問題は，
「東京都のゴミの処理の仕方は，どのように変わったのだろう」

学習計画へ・昔の処理方法　・今の処理方法（追究の中心）

この展開で行くと，現在に至るまでに仕組みが計画的に改善され公衆衛生が向上してきたことに触れることになる

C小学校で行われた実践

教師の仕掛け：実物の比較・体験を基に考える

小松菜

| 私たちが育てた 「小松菜」 | Sさんが育てた 「小松菜」 |

◎「小松菜」を　　　　　　　　　　　◎給食で食べている
　　　育てる体験　　　　　　　　　　　　　　　「小松菜」
○愛情，喜び　　　　　　　　　　　　○「小松菜」を
○苦労　　　　　　　　　　　　　　　　　　育てるプロ
○失敗，成功　　　　　　　　　　　　○おいしい
　　　　　　　　　　　　　　　　　　○立派な「小松菜」

比べる

「違い」「同じ」から問いや予想へ

○育て方（作り方）が違うのかな→どのようにして生産されているのか？
○どのように育てたら，こんな立派な「小松菜」になるのかな？
○土かな，肥料かな，育て方かな，何かコツがあるのかな？

学習問題の設定

いる「小松菜」，もう１つは，給食にも使われている地域の農家Ｓさんの育てた「小松菜」です。それを比べて考えます。比べると，葉の大きさ，葉の厚さ，茎の太さ，みずみずしさなど，違いに気付いていきます。そして，どうしてこんなに違うのか，疑問をもちます。「自分たちの育て方とどこが違うのか？」「土や肥料が違うのか？」「水のあげかた？」「育て方に何かコツがあるのではないか？」など，意見を出し合います。同時に違いだけではなく，大切に育てている，手をかけて育てている，などは同じ，と考えていました。ここには，自分たちが「小松菜」を育てている体験が裏付けになっています。この授業においては，実物を比べて，違いや同じことに対して，体験に裏付けられた意見を出し合うことで学習問題に導く仕掛けをしています。実物と出合わせる前に，小松菜の生産体験を仕掛け，その上で，実物を比較する，という仕掛けを打つことで，子供たちが学習問題の設定，学習計画の立案へと向かうように展開していることがわかります。

❸　問題解決のために話し合う

　問題解決的な学習は，子供が社会的事象から問いをもち，解決の見通しを立て，資料などを活用して調べ，みんなで話し合ったり，考えたりしてまとめる（解決する）学習過程です。大切にしたいことは，「**問題解決のために話し合う**」ことです。子供たちは，調べたことや考えたことを交流することで自分の考えを深めることができるからです。この場面についても，平成24・25年実施の学習指導要領実施状況調査教師質問紙において，「**問題やテーマを決めて，討論する授業を行っていますか。**」が他の項目と比べて「そうしている」という回答の割合が低くなっています。社会科の学習において，議論したり討論したりということも含めて解決のために話し合うこと，ここが課題と言えます。

　それでは，小学校現場で実際に行われた，いくつかの良い事例を基に具体的に説明します。

形だけの対話のようなもの，教師の都合のみになっていないか
・子供にとって本当に必要な活動か？
・グループで活動する目的はわかっているか？

関わり合って学ぶ良さを味わっているか
・自分の学びを深める（結論をつくる）ことになっているか？
・普段からつなげて考える学び合いになっているか？

対話的な学び，
について確認したいこと

対話的な学びで大切なこと

目的がわかる
子供たちがグループで話し合ったり，実社会の人に話を聞いたりする目的となる「問い」が明確になっていることが大切である。

必要感
子供たちに問いがあり，解決したいから話し合う，
　　　　　　　　　　　　　　　　　　　話を聞く。
自分の考えだけでは解決できないから，話し合いたい，
　　　　　　　　　　　　　　　　　　　話を聞きたい。

「子どもたちの対話を促し，考えを広げ深めていくために，小グループで使うホワイトボードとは別に個人もちのミニホワイトボードを活用しています。ホワイトボードは，Ａ４程度の大きさのもの，ペンは赤・青・黒の３色を一人一セット机の横にかけています。」
【100円ショップで購入したホワイトボードとペン】

D小学校で行われた実践

①個人思考
「問い」に対する自分の考えを黒ペンで中央に書く。

②小グループでの思考

「なるほど」と思ったこと，自分にはない考え，理由があればその理由等を「青」で記入する。また，友だちの考えを聞いて，自分の考えが変わったときは，黒ペンで書き加えてもよいこととする。

③フリートーク

教室を自由に歩きまわり，ほかのグループの人，自分が意見を聞いてみたい人のところに行く。ホワイトボードを見せながら，自分や自分のグループの考えを伝えたり，新たな意見を書き足したりしていく。

①～③の手順をふんでから，全体での話し合いを行ったり，個人で考えを再構成する時間をとったりして，対話を通して子どもの考えが広がったり深まったりするようにしている。

⑴　１人１人の考えを広げ深めるために話し合う　Ｄ小の実践

　子供たちの対話を促し，考えを広げ深めていくために，小グループで使うホワイトボードとは別に個人もちのミニホワイトボードを活用しています。本時の学習は，

○本時の問いを確認し，自分の考えを明確にする。（書く）

○解決のためにグループで話し合う。自分の考えを説明し，友達の考えを聞き，自分の考えに付け足す。

○フリーで話し合う。

○友達との話合いを基に，再度自分の考えを整理する。（書く）

という活動が行われています。

　この実践のように，対話的な学びに大切なことは，学習形態，つまり班活動をすれば対話的な学びになるわけではなく，**話合いが子供にとって必然性があり，友達と話し合うことで，自分の考えを広げ深めることにつながるということ**です。子供たちに問いがあり，解決したいから話し合う，話を聞くのです。自分の考えだけでは解決できないから，話し合いたい，話を聞きたいのです。そのためには，「問い」が明確になっていることが大切です。

　また，子供たちが，調べたことや考えたことを交流させ，自分の考えを深めるためには，自分の考えをきちんと伝えること，友達の考えをよく聞くこと，そして，友達の考えと自分の考えをつなげることが大切です。例えば，自分の考えを「つまり……」「例えば……」「なぜなら……」などを使って伝えたり，友達の考えを聞いて「Ａさんと関連して」「Ｂさんの考えと似ていて」「Ｃさんと違って」などと友達の考えと自分の考えをつなげたりして考えることです。子供同士の話合いが，本当の意味で絡み合い，つながることがとても大切です。

Point①最重要	問い	学級全体で解決すべき問いが共有されていること 子供一人一人が解決すべき問いを明確につかんでいること	解決するための話合い
Point② 個で考える		**自分の考えを書く（まとめる）「私は」**	
		一人一人が解決すべき問いに対して，自分の考えをもつ これまでの学習（既習）や資料等の根拠を基に考える	
Point③ 班・全体で 対話する		**考えを交流する（話し合う）**	
		友達の考えに気付く・友達の考えを受け入れる 友達の考えと自分の考えの違い（共通点）に気付く	
Point④ 個で整理 （決める）		**自分の考えを再度書く（再構成する）**	
		友達の考えを含めて，再度自分の考えをまとめる	
Point⑤ 決める		**議論をして決める「私たちは」**	
		様々な意見を比較・検討して，選択・判断して 　　　　　自分たちの解を決める	

Ｅ小学校で行われた実践

T：これから，どうやって進めていきたい？
C：班で話し合う。
C：グループで話し合う。
T：どうしてグループで？
C：グループだといろいろ見つけられる。
T：なんで，なんで？
C：グループだと意見がつながるから。
C：グループで話し合うと，考えがわかりやすくなる。

C：みんなで合わせるともっといいものになる。
C：足したい分があるから，（グループで話し合いたい）。
C：みんなの意見を聞いたら，もっといいものになる。

Ｅ小の子供たちは，社会科に限らず
○既に，関わり合って学ぶ良さを味わっている
○話し合えば，自分の考えが広がる，深まることを経験している
○話合い活動が自分の学びを深めるためにあることがわかっている

⑵ 活動を決めるために話し合う　E小の実践

　教師と子供たちが学習問題の解決のためにどのように進めていくか相談しています。例えば，

> T：どうやって進めていきたい？
> C：グループで話し合う
> T：どうしてグループで？
> C：グループだと意見がつながるから
> C：みんなで合わせるともっといいものになる

　この学級の子供たちは，既に，関わり合って学ぶ良さを味わっています。また，自分の学びを深めるために話し合うことが分かっています。つまり，社会科だけではなく，各教科等の学習で関わり合って学ぶ良さを味わい，話し合うことでよりよい解決につながる経験を積み重ねることが大切なのです。これも「問題解決のために話し合う」上で大切なポイントと言えます。

❹　社会的事象の特色や意味を考える

〈第４学年内容⑶「自然災害から人々を守る活動」〉　F小の実践

　教師は，学習指導要領の内容分析，教材研究，教材分析を基に，同じ県内の和光市の取組を取り上げて教材化することを考えました。

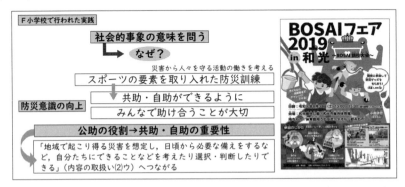

　和光市で2019年に行われたBOSAIフェアは，市が主催したスポーツの要素を盛り込んだ防災訓練です。では，なぜ，市がわざわざこのような取組を

和光市は，
なぜ，
このような取組を
行ったのだろうか。

学習したことを
基に考える

○スポーツの要素を取り入れた防災訓練
→楽しく参加できる，たくさんの人が参加できる
だれでも参加できる（子供，大人，高齢者）
→いざという時に役に立つ，活用できる
→自分も相手も守れる，助け合える

□みんなを守りたい，自助ができるように
□みんなで助け合えるように
□災害の被害を減らしたい
◎共助や自助の重要性，防災意識を高める

学習問題：災害から人々を守るために，
だれが，どんなことをしているのだろう

○県や市は，どのような取組を
防災マップ・避難所設置等
「みんな被災者」
「助けに行けない」

防災意識が低い
×助けてもらえる

○地域は，どのような取組を
防災訓練・呼びかけ等
「人とのつながりが大切」
「顔見知りになるのが大切」

防災意識が低い
×若者が
参加しない
×関係が希薄

○自分たちは，どのような取組
を防災グッズ・避難経路　等

防災意識が低い
×準備不足

○どのように協力しているか
公助・共助・自助
の関連・協力，役割

学習を重ねることに防
災意識の低さが課題で
あることに気付く

ここまで学習を積み重ねた後
に，位置づける

117

行ったのか，普通の防災訓練ではダメなのか，そこがこの教材の核です。この取組の意味を考えることで，「公助の役割と共助・自助の重要性」を捉えることができると考えて教材化を図っています。

　では，**単元のどこに位置づけるのか**，ここがポイントになります。社会的事象の特色や意味を考えるために，この教材を追究する学習活動を位置づける，と考えると，単元の終末に位置づけることになります。そこで，考えておくべきことは，この取組の意味を子供たちが考えるためには，それまでの学習の積み重ねが重要である，ということです。それまでにどのような社会的事象の見方・考え方を働かせて，追究してくれば，この学習活動が成立するのか，逆算して単元をデザインしておくことが必要になります。この事例からは，「**その学習活動までにどのような学びが必要か**」「**その後，どのような学びにつながるのか**」という「**学習活動の前後の学びを大切にする**」というポイントが十分に生かされています。

❺　社会への関わり方を選択・判断する

　「社会への関わり方を選択・判断する」とは，「解説」（p.22・23）において，

> 　社会的事象の仕組みや働きを学んだ上で，習得した知識などの中から自分たちに協力できることなどを選び出し，自分の意見や考えとして決めるなどして，判断することである。例えば，農業の発展に向けては，農家相互の連携・協力，農業協同組合や試験場等の支援などが結び付いて取り組まれている。また，森林資源を守る取組は，林業従事者，行政，ＮＰＯ法人など様々な立場から行われている。こうした事実を学んだ上で，私たちはどうすればよいか，これからは何が大切か，今は何を優先すべきかなどの問いを設け，取組の意味を深く理解したり，自分たちの立場を踏まえて現実的な協力や，もつべき関心の対象を選択・判断したりすることなどである。

と解説されています。

　ポイントは，まずは，「社会的事象の仕組みや働きを学んだ上で」，つまり，学習したことを基に考えることが大前提です。さらに「習得した知識などの中から自分たちに協力できることなどを選び出し，自分の意見や考えとして決めるなどして，判断することである。」，例えば，学習して習得した知識な

どの中から，自分たちに協力できることを考え，学級で意見を出し合ったり話し合ったりして，その上で，たくさん出た意見の中から自分たちが本当にできそうなことを選び出し（**選択**），自分の意見や考えとして決める（**判断**）ことです。

この「社会への関わり方を選択・判断する」内容については，（内容の取扱い）に例えば次のように示されています。最初に出てくるのは，第3学年内容(3)です。

> (3)　内容の(3)については，次のとおり取り扱うものとする。
> 　イ　イの(ｱ)については，社会生活を営む上で大切な法やきまりについて扱うとともに，地域や自分自身の安全を守るために自分たちにできることなどを考えたり選択・判断したりできるよう配慮すること。

この（内容の取扱い）について「解説」（p.44）では，

「また，内容の(3)のイの(ｱ)における配慮事項を示したものである。ここでは，学習したことを基に，地域の人々が行っている火災予防，交通安全や防犯などに関わる活動の中から，地域社会の一員として自分たちにも協力できることを考えたり，自分自身の安全を守るために日頃から心掛けるべきことを選択・判断したりして，それらを基に話し合うことなどが大切である。例えば，火事を引き起こさない生活の仕方や事故を起こしたり事件に巻き込まれたりしない行動の仕方について討論したり，標語やポスターなどを作成したりすることなどが考えられる。」と「社会への関わり方を選択・判断する」ことに関して解説されています。

また，「**多角的に考える**」ことに関しては，第5学年内容(2)で説明します。

> (2)　内容の(2)については，次のとおり取り扱うものとする。
> 　イ　イの(ｱ)及び(ｲ)については，消費者や生産者の立場などから多角的に考えて，これからの農業などの発展について，自分の考えをまとめることができるよう配慮すること。

この（内容の取扱い）について「解説」（p.81・82）では，

「ここでは，学習したことを基に，生産性や品質を高める工夫を消費者や生産者の立場に立って多角的に考え，これからの農業や水産業における食料生産の発展に向けて自分の考えをまとめることができるよう指導することが大切である。その際，生産者の立場からは，農産物の生産では，農業法人などを設立して取り組んでいること，温室等の設備により出荷時期を工夫していることや，低価格という観点だけでなく手間をかけて高品質なものや付加価値のあるものを生産し海外に輸出していること，畜産物の生産では，与える飼料により品質を高めていること，水産物の生産では，魚群探知や養殖などに最新の技術を使っていることや持続可能な漁業を目指し水産資源を保護していること，さらに，生産・加工・販売を関連付けた，いわゆる「6次産業化」の動きなど新しい取組を取り上げることが考えられる。

　また，消費者の立場からは，安全性の確保や環境への負荷の軽減などの意識が高まっていること，低価格のものだけでなく，高品質のものや希少性のあるものを求める傾向も見られることなどを取り上げることが考えられる。

　このようにして，今後の農業や水産業の発展について考えようとする態度を養うようにする。」と多角的に考えることに関して解説されています。

　「社会への関わり方を選択・判断する」ことについては，第3・4学年の内容の方が多く想定されています。それは，第3・4学年の学習対象は市や県などの地域社会における社会的事象なので，自分たちにも協力できることなど「社会への関わり方」を考えやすいことが関係しています。第5・6学年になると，「我が国の～」と学習対象が広く，また，「産業・国土・歴史」などと内容の範囲が広くなるので，自分たちに協力できることというより，「これからの○○は」などと，よりよい発展を考えることの方が現実的なので，「多角的に考えて，○○の発展について，自分の考えをまとめる」という示し方をしています。

　「多角的に考える」場面と「社会への関わり方を選択・判断する」場面のほとんどが「現代社会の仕組みや働きと人々の生活」に区分される内容となっています。これらは，いずれも「現在から未来」の「人々の活動」につい

て思考・判断する場面に位置付いていることが多いからです。また，この活動は，全ての内容に規定しているのではありません。子供が学習したことを基にして実社会に，あるいは，未来に目を向ける場面を想定しやすい内容を選んで学習活動として示しているのです。

「社会への関わり方を選択・判断する」場面

第3学年　内容(3)

「地域や自分自身の安全を守るために自分たちにできることなどを考えたり

選択・判断したりできるよう配慮すること」

第4学年　内容(2)

「節水や節電など自分たちにできることを考えたり

選択・判断したりできるよう配慮すること」

「ごみの減量や水を汚さない工夫など，自分たちにできることを考えたり

選択・判断したりできるよう配慮すること」

第4学年　内容(3)

「地域で起こり得る災害を想定し，日頃から必要な備えをするなど，

自分たちにできることなどを考えたり選択・判断したりできるよう

配慮すること」

第4学年　内容(4)

「地域の伝統や文化の保存や継承に関わって，自分たちにできることなどを考えたり

選択・判断したりできるよう配慮すること」

第5学年　内容(5)

「国土の環境保全について，自分たちにできることなどを考えたり

選択・判断したりできるよう配慮すること」

第6学年　内容(3)

「世界の人々と共に生きていくために大切なことや，

今後，我が国が国際社会において果たすべき役割などを多角的に考えたり

選択・判断したりできるよう配慮すること」

「多角的に考える」場面

第5学年　内容(2)
「消費者や生産者の立場などから多角的に考えて，
　これからの農業などの発展について,自分の考えをまとめることができるよう配慮すること」

第5学年　内容(3)
「消費者や生産者の立場などから多角的に考えて，
　これからの工業の発展について，自分の考えをまとめることができるよう配慮すること」

第5学年　内容(4)
「産業と国民の立場から多角的に考えて，
情報化の進展に伴う産業の発展や国民生活の向上について，自分の考えをまとめることが
できるよう配慮すること」

第6学年　内容(1)
「国民としての政治への関わり方について多角的に考えて，
　　　　　　　　　　　　　自分の考えをまとめることができるよう配慮すること」

第6学年　内容(3)
「世界の人々と共に生きていくために大切なことや，
　　　　今後，我が国が国際社会において果たすべき役割などを
　　　　　　　　多角的に考えたり選択・判断したりできるよう配慮すること」

　「社会への関わり方を選択・判断する」活動について，第3学年(3)「地域の安全を守る働き」の実践（G小の実践）を例に具体的に説明します。

　実践は，単元終末段階で学習してきたことを基に，安全に対する自分たちにできる関わり方を考える場面です。

Point①　社会的事象の仕組みや働きを学んだ上で

　ここまで学習してきた過程で教師が子供たちと明確にしてきた課題は，「みんな頑張って取り組んでいるけど火事は0にはならない」ということです。そこで，「自分の家や地域の火事をなくしたり，被害をへらしたりするために，わたしがすべきことは何だろう」と問いかけ，学習したことを基に子供たちと考えていきました。

Point②　学習したことを基に自分たちが協力できることを選び出し

　子供たちは，これまでの学習を基に，自分たちに協力できることを選び出し，根拠となる資料などを示しながら説明していきました。

「社会への関わり方を選択・判断する」とは

　　社会的事象の仕組みや働きを学んだ上で，習得した知識などの中から<u>自分たちに協力できること</u>などを選び出し，<u>自分の意見や考えとして決めるなどして，判断する</u>ことである。

　　事実を学んだ上で，<u>私たちはどうすればよいか</u>，<u>これからは何が大切か</u>，<u>今は何を優先すべきか</u>などの問いを設け，取組の意味を深く理解したり，自分たちの立場を踏まえて現実的な協力や，もつべき関心の対象を選択・判断したりすることなどである。

「解説」p.23

全ての内容に規定しているのではない
児童が学習したことを基にして実社会に，あるいは，未来に目を向ける場面を想定しやすい内容を選んで学習活動として示している

「社会への関わり方を選択・判断する」が位置付いている内容

学年	内　　容	内容の取扱い
3年	(3)「地域の安全を守る働き」	選択・判断
	(4)「市の様子の移り変わり」	発展
4年	(2)「人々の健康や生活環境を支える事業」	選択・判断
	(3)「自然災害から人々を守る活動」	選択・判断
	(4)「県内の伝統や文化，先人の働き」	選択・判断
5年	(2)「我が国の農業や水産業における 　　　　　　　　食料生産」	多角的・発展
	(3)「我が国の工業生産」	多角的・発展
	(4)「我が国の産業と情報との関わり」	多角的・発展
	(5)「我が国の国土の自然環境と 　　　　　　国民生活との関連」	選択・判断
6年	(1)「我が国の政治の働き」	多角的
	(3)「グローバル化する世界と日本の役割」	多角的 選択・判断

Point ③　立場を明確にして

　子供たちの発言は，これまでの学習を根拠にしていますが，3年生ですので，立場が混在して出てきます。そこで，教師は，それは「自分がすること」「家族がすること」「地域がすること」なのか，子供たちに問い返し立場を確認しながら整理していきました。

Point ④　自分が本当にできそうなことを一つ決める

　最後に，自分が本当にできそうなことを一つ選んで自分の考えをまとめました。すると，ある子は，次のように自分の考えを説明しました。

> 　まず，ぼくは，消火器を使えるようにしたいです。火がついてから2分以内なら消火器などで消せることを教えてもらいました。でも，ぼくは，消火器があっても，どうやって使っていいかわからないので，119番に電話するしかありません。そうしているうちに火が家全体に広がってしまう。だから，まずは消火器の使い方を覚えてから，防災訓練に参加したいです。

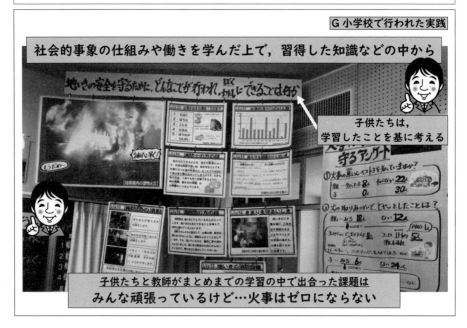

G 小学校で行われた実践

社会的事象の仕組みや働きを学んだ上で，習得した知識などの中から

子供たちは，学習したことを基に考える

子供たちと教師がまとめまでの学習の中で出合った課題は
みんな頑張っているけど…火事はゼロにならない

自分たちに協力できることなどを選び出し

子供たちは，
学習したことを基に考えたことを発表し合う

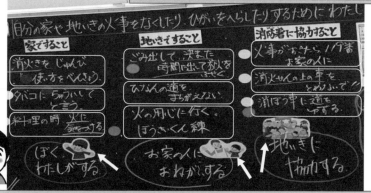

発表させながら，担任教師が行ったことは，
だれがやるの？地域がやるの？自分がやるの？と，立場を明確にすること

自分の意見や考えとして決めるなどして，判断する

最後に，子供たちは，たくさん出た解決策から，
自分が本当にできそうなものを選んで決めていった

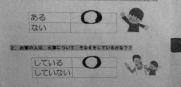

学習したことを基に考える・・・
「なぜなら」が言える

現実的な協力や関心

まず，ぼくは，消火器を使えるようにしたいです。消火器があっても，どうやって使っていいかわからないので，119 に電話しているうちに火が広がってしまう。だから，まずは消火器の使い方を覚えてから，防災訓練に参加したいです。

これは，学習の中から選び出した，自分なりの判断基準に基づいた意見，つまり，自分自身の安全を守るために自分にできることを考えたり，選択・判断したりしている姿と言えるでしょう。

今回の改訂で「社会への関わり方を選択・判断する」内容が（内容の取扱い）に明示されましたが，本実践は，このポイントを押さえ，3年生の実態に合わせて丁寧に取り組んだ実践と言えるでしょう。

❻　一人一台端末を効果的に活用する

問題解決的な学習過程の充実を図る上で一人一台端末の効果的な活用も重要な要素です。一人一台端末の活用についても，学習活動として「どの時間に，どのように活用するのか」を教師が「単元で考える」ことが必要です。

一人一台端末の活用について大切なことは，<u>単元の目標の実現，または，本時の目標の実現に向けて，一人一台端末を効果的に活用すること</u>です。社会科の学習において，地図帳を活用した方が効果的であれば地図帳を，ノートを活用することが効果的であればノートを，一人一台端末を活用することが効果的であれば一人一台端末を，活用することが望ましいのです。また，子供たち一人一人の実態に合わせて，子供によって一人一台端末を活用するかどうか，選択できるようにすることも大切なこれからの活用の視点です。

小学校社会科学習における，一人一台端末の効果的な活用のポイントとして，**大切に考えたいこと**，は以下の通りです。

○単元で育てる資質・能力が明確なこと

　これはとても大切なことである。単元で育てる。単元で育てる資質・能力は，単元の目標の実現であり，そのために一人一台端末を効果的に活用するのである。一人一台端末を活用することが目的ではないことに留意する。

○単元で一人一台端末を活用する場合のメリットが明確なこと

　目標の実現のために，一人一台端末を活用すること，または，他の資料やノート等と併用することが効果的であることを明確にしておく

一人一台端末を効果的に活用したい

GIGA スクール構想に基づく社会科授業

ICT 端末は，目標の実現に向かって
効果的に活用されているか？
ICT 端末の活用が目的になっていないか？

○単元や本時の目標の実現のための

・効果的な活用を明確にすること
・ICT 端末を活用する場面を絞ること
・具体的な活用のイメージをもつこと

確認したいこと……

○一人一台端末の活用が目的になっていないか？
→目的ではないこと

○単元で育てる資質・能力は，単元の目標であること

○単元で一人一台端末を活用する場合は，
単元や本時の目標の実現のための
効果的な活用が明確になっていること

○単元で効果的に一人一台端末を活用する場面が
絞られていること

○場面において，具体的に
効果的な活用がイメージできていること

ことが大切である。

○単元で効果的に一人一台端末を活用する場面が明確なこと

　　一人一台端末の効果的な活用場面が絞られていることが大切である。つまり，どの場面で活用することが効果的か，学習活動とともに具体的にイメージしておくことが必要となる。

(1)　効果的に活用を考える

　第３学年(1)「わたしたちの市の様子」を例に小学校社会科における一人一台端末の効果的な活用について説明します。

第３学年(1)「わたしたちの市の様子」（事例提供：愛媛大学教育学部附属小学校）

【育成を目指す資質・能力】（単元の目標）

　単元の目標を設定する（省略）

【一人一台端末活用のポイント】

　子供一人一人が問題意識をもち，問題解決の見通しをもった後，必要な情報を収集したり，収集した情報を読み取ったり，読み取った情報を分類・整理して話し合ったりする際に情報端末を活用することで，学習活動の幅を広げることができる。

【効果的な活用場面】

―見学活動で一人一台端末を活用し，情報を収集する場面―

　各自の問いに合わせて見学を進め，子供たちは写真機能を使って記録する，録画機能を使って，映像を記録する，映像の中に自分たちの解説を入れる，レポーターをつけてレポート形式の動画を撮る，など様々な活用を保証しています。また，ノートへの記録に追われることなく，どんどん写真を撮ったりインタビューをしたりするなど，情報の収集に専念することができます。

　実際には，ある子供は，「市には，古い神社やお寺があるのではないか」という問いを基に調べ，地域にあるお寺の写真を一人一台端末で撮影し，情報を収集していました（写真１）。

　ある子供は，市の土地利用に着目して，地域の方にインタビューして市の

様子について一人一台端末で動画撮影し，情報を収集していました。ここでは，動画撮影しているため，インタビューに専念できるので地域の方と考えてきた質問以外にも聞き取りをしていました（写真2）。

写真1　写真機能や動画機能で情報を記録する

　このように，子供たちは，一人一台端末を活用して，各自の問いに合わせて見学を進め，写真，動画撮影機能を使って，映像を記録したり，映像の中に自分たちの解説を入れたり，レポーターをつけてレポート形式の動画を撮ったりするなど，様々な活動を展開することができました。

　ここでは，ノートへの記録に追われることなく，どんどん写真を撮ったりインタビューをしたりするなど，情報の収集に専念することができました。

写真2　写真機能や動画機能で情報を記録する

　このように，一人一台端末をこの場面で活用することにより，

> 〇早く効果的に情報収集できる
> 〇見えにくい情報を見えるようにできる

など学習活動の幅が広がることになりました。

―収集した情報を基に，情報端末を活用して話し合う場面―

　見学・調査後，撮影してきた映像をグループごとに見ながら，問いに対する答えや新たな発見をまとめていきます。くり返し再生できるので大切な内容を確認することができます。情報をくり返し映像で再生し確認したり話し合ったりできるので，情報が吟味され調べたことを基に深く考えることにつながります。また，自分たちで収集した画像や映像を基に，わかったことをまとめたりわかりやすく伝えたりすることもできます。

　実際には，ある子供たちは，集めた情報をくり返し見たり，拡大して見たり，友達と共有したりして，地図で場所を確かめながら，市の様子について話し合ったりしていました（写真3）。

このように，子供たちは，一人一台端末を活用して，インタビューの結果をくり返し再生し大切な内容を確認したり，撮影した映像や動画をくり返し確認したり，画像や映像をくり返し再生して話し合い，情報を吟味したり，調べたことを基に各自の問いについて考えたり，自分たちで収集した画像や映像を基に，自分たちが調べてわかったことをまとめたりしていました。

写真3　収集した情報を基に話し合う

　また，ここでは，見学・調査活動を通して一人一人集めた情報を学級全体で共有することもできます。話合いを行う際には，共有フォルダから必要な情報を取り出し，問いの解決のために活用してまとめていくことができます。情報をくり返し映像で再生し確認したり話し合ったりできるので，情報が吟味され調べたことを基に深く考えることにつながります。また，自分たちで収集した画像や映像を基に，わかったことをまとめたりわかりやすく伝えたりすることもできます。

　このように，一人一台端末をこの場面で活用することにより，

> ○くり返し再生できる
> ○拡大して細部まで映像で確認できる。
> ○ファイル共有機能による情報共有で，考えを広めたり深めたりできる。

など学習活動の幅が広がることになりました。

⑵　場面ごとに効果的な活用を考える
①　調べる場面
第４学年⑷「先人の働き」における調査・見学活動の場面

（事例提供：愛媛大学教育学部附属小学校）

　ここでは，地域の先人の働きについて，個々の問いに合わせて見学やインタビューを進めています。その際，写真機能を使って記録する，録画機能を使って映像を記録する，映像の中に自分たちの解説を入れる，レポーターを

つけてレポート形式の動画を撮るなど様々に活用します。また，文書作成ソフトの音声認識を活用してメモしたり，写真を撮ったりインタビューをしたりするなど，ノートへの記録に追われることなく情報の収集に専念することができるようにしています。

　ここでは，一人一台端末を活用したことにより，インタビューの内容をタブレット端末で撮影（写真・動画）し集めた情報を，その場で確認したり，話し合ったりする姿が見られました。

写真4　内容を確認し合う

第3学年(2)「地域に見られる販売の仕事」における
擬似的な調査・見学活動の場面（事例提供：神戸市立西須磨小学校）

　ここでは，実際にはコロナ禍での調査・見学活動が行えないため，一人一台端末を活用して教師が作成した資料を基に一人一人調査・見学活動を擬似的に行っていました。

　まずは，店の売り場見取り図を見て，自分の問いを解決できる場所を確認します。その後，フォルダからその場所の写真資料を取り出して読み取っていきます。

写真5　見取り図から写真を探す　　写真6　写真から情報を読み取る

読み取った情報を店の売り場見取り図（プリント）に書き込んでいきます（写真5・6）。

　子供たちは，一人一台端末を活用して，それぞれ自分の問いの解決を図っていきます。このように，教師が事前に子供の問いを整理して，解決に必要な情報を取材し，写真等の情報を集めてフォルダを作成しておくことで，実際には，子供たちは見学ができなくても，見学した時と同じように，一人一人の問いの解決に向けて調べる活動を行うことを保障することができます。

②　考える場面
第4学年⑴「わたしたちの県の様子」における自分の考えをもつ場面

（事例提供：福島大学附属小学校）

　ここでは，一般的には紙面の白地図にまとめる活動が想定されますが，本事例では，紙面の白地図ではなく，透明な地図にタブレット上でまとめるようにしています。子供たちは地図や各種の資料を基に「地形」「主な産業」「交通網」「主な市」などに着目しながら調べ，その都度透明な地図にまとめていきます。その後，「県はどのような特色があるのか」という学習問題について再度考える際に，これまでまとめてきた観点ごとの地図を重ねたり，友達と共有したりして，それぞれの観点を関連付けながら，県の地理的概要を理解できるようにしました。

　共有フォルダに県の透明な地図を入れておくことで，子供がいつでも，自由に地図を使うことができるようにし，タブレット上で色を染めたり，文字を書き込んだりして様々な観点から地図をまとめることができるようにします。地図を重ねて考えるよさを共有しておくことで，一人一台端末を活用して，自分や友達の地図を重ね，関連付けて考えることができます。一人一人が重ねた地図を基に，県の特色を考えることを通して県の地理的概要を理解できるようにしています（写真7・8）。

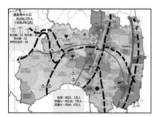

<table>
<tr><td>写真7　地図を重ねて考える</td><td>写真8　透明な地図を重ねてできた地図</td></tr>
</table>

第4学年⑵「廃棄物を処理する事業」における互いの考えを共有し，関連付けたり整理したりする場面（事例提供：鳴門教育大学附属小学校）

　ここでは，まず，問いに対する自分の考えをグループの画面に書き込みま

す。班ごとの画面に各自で書き込んでいくため，書き込んだ考えはすぐに反映され，班ですぐに共有されます。その結果，共有された友達の考えを参考にしてさらに自分の考えを書き込んだり，班の画面を見ながら，共通点・相違点を見つけたりすることができます（写真9）。

次に，共有された考えをグループで自由に動かしたり，書き込んだり，グルーピングしたりしながら話し合い，互いの考えを関連付けます。関連付けた考えをキーワードで整理したり，タイトルをつけて整理したりします。操作が容易であるため，子供は話し合いながら，操作し，試行錯誤することができます（修正，加筆も同様）。また，この班の話し合いシートは学びの記録として保存することができます（写真10）。

ここでは，共同編集可能なシートを活用することで，自分の考えを他者に伝えることができたり，互いの考えを共有することができたり，考えの共通点・相違点を見つけることができたりします。また，操作しながら話し合いや考えの整理ができます。

写真9　考えをまとめ，共有する

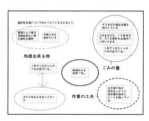

写真10　互いの考えを関連付けたり整理したりする

ここでは，効果的な活用場面として，第3・4学年事例を中心に調べる場面，考える場面を紹介しました。この他にも，話し合う場面やまとめる場面など効果的な活用場面は考えられます。その場合においても，**大切なことは**，単元の目標の実現，または，本時の目標の実現に向けて，効果的に活用することです。

(3) **社会科の指導における一人一台端末の活用の考え方を知る**

　ここでは，これまで説明してきた一人一台端末の効果的な活用についてのベースとなる考え方として，GIGAスクール構想のもとでの社会科指導として，社会科の指導における一人一台端末の活用の考え方を整理しておきます（『初等教育資料 2022年12月号』参照）。

　ICTの活用については，各教科等の特質に応じ，それらを適切に活用した学習活動の充実を図ることが求められています。小学校・中学校社会科，高等学校地理歴史科，公民科においては，(1)**「学び方や調べ方を大切にし，子供の主体的な学習を一層重視すること」**，や，その際，(2)**「社会的事象等について調べまとめる技能」**，これは小・中・高の「解説」に「参考資料」として掲載されていますが，それを確認の上，活用することが大切です。

① **学び方や調べ方を大切にし，子供の主体的な学習を一層重視すること**

　小学校社会科の学習におけるICTの活用に関して，小学校学習指導要領社会では，内容の取扱いについての配慮事項の(2)に，次のような事項が示されています。

> (2)　学校図書館や公共図書館，コンピュータなどを活用して，情報の収集やまとめなどを行うようにすること。また，全ての学年において，地図帳を活用すること。

　社会科の学習においては，これまでと同様，社会の変化に自ら対応する資質・能力の育成を図るという観点から，子供一人一人が問題意識をもち，問題解決の見通しを立て，必要な情報を収集したり，収集した情報を読み取ったり，読み取った情報を分類・整理してまとめたりするなどの学習活動が大切です。その際，情報の収集，処理や発表などに当たっては，ICTを積極的に活用することが大切です。

　このような学習活動を実現していくためには，子供が，学習問題，学習課題について調べて考え，表現して発信できるように，いつ，どの場面で，どのようにＩＣＴを活用するのか，教師が学習場面を想定して，単元を通して授業をデザインしておくことが必要となります。

②　社会的事象等について調べまとめる技能

「社会的事象等について調べまとめる技能」の育成との関連については，小学校学習指導要領の各学年の目標には，次のように示されています。

〈第3学年・第4学年〉
調査活動，地図帳や各種の具体的資料を通して，<u>必要な情報を調べまとめる技能</u>を身に付けるようにする。

〈第5学年〉
地図帳や地球儀，統計などの各種の基礎的資料を通して，<u>情報を適切に調べまとめる技能</u>を身に付けるようにする。

〈第6学年〉
地図帳や地球儀，統計や年表などの各種の基礎的資料を通して，<u>情報を適切に調べまとめる技能</u>を身に付けるようにする。

こうした技能を子供が身に付けるためには，ICT 機器を活用した学習活動のより一層の充実が求められます。

今回，小・中の社会科や，高校地理歴史科・公民科の学習指導要領「解説」に，「社会的事象等について調べまとめる技能」と題する，共通の参考資料が加わっています。これらはくり返し活用し，その習熟を図るように指導することで定着するものです。ICT の活用に関しては，「社会的事象等について調べまとめる技能」には，情報を収集する技能の中の

・コンピュータや情報通信ネットワークなどを活用して，目的に応じて様々な情報を集めること

情報をまとめる技能の中の

・情報機器を用いて，デジタル化した情報を統合したり，編集したりしてまとめること

など，ICT の活用に関する記載がみられます。

そこで，子供の実態などに即して，ICT を活用して情報を収集したりまとめたりすることができるように，ICT 機器を活用した学習活動のより一層の充実が求められます。発達の段階や子供の実態などに留意しつつ計画的に指導するよう，授業をデザインしていくことが大切です。

GIGA スクール構想のもとでの小学校社会科の指導において ICT を活用する際のポイント

(1) 学び方や調べ方を大切にし、児童の主体的な学習を一層重視

小学校学習指導要領（平成 29 年告示）第 2 章第 2 節社会
第 3 の 2　内容の取扱いについての配慮事項 (2)

学校図書館や公共図書館、コンピュータなどを活用して、情報の収集やまとめなどを行うようにすること。また、全ての学年において、地図帳を活用すること。

児童が、自ら問題意識をもち、問題解決の見通しを立て、必要な情報を収集し、情報を読み取り、情報を分類・整理・まとめたりする学習活動の構成が大切

○環境の整備

・　主体的・対話的で深い学びの実現につながるよう、児童の学習において日常的に ICT を活用できる情報通信機器の使用環境の整備。

○指導上の留意点

・　ICT を活用した学習場面を想定し、単元を通した授業デザインの必要
・　情報モラルの指導への留意
・　課題の追究や解決の見通しをもって児童が主体的に情報手段を活用できるように する指導

GIGA スクール構想のもとでの小学校社会科の指導において
ICT を活用する際のポイント

(2)「社会的事象等について調べまとめる技能」の育成

小学校学習指導要領（平成 29 年告示）第 2 章第 2 節社会

各学年の目標

第 3 学年・第 4 学年

調査活動，地図帳や各種の具体的資料を通して，必要な情報を調べまとめる技能を身に付ける
ようにする。

第 5 学年

地図帳や地球儀，統計などの各種の基礎的資料を通して，情報を適切に調べまとめる技能を身
に付けるようにする。

第 6 学年

地図帳や地球儀，統計や年表などの各種の基礎的資料を通して，情報を適切に調べまとめる技
能を身に付けるようにする。

▶「社会的事象等について調べまとめる技能」を小学校社会科，中学校社会科，高等学校地理歴史
科及び公民科の学習指導要領解説に共通して掲載

▶「社会的事象等について調べまとめる技能」を生徒に身に付けさせるため，ＩＣＴ機器を活用した
学習活動のより一層の充実が求められる

137

【小学校・第3学年・社会科・「わたしたちの市の様子」①】

育成を目指す資質・能力

身近な地域や市区町村の様子について、都道府県内における市の位置、市の地形や土地利用、交通の広がり、市役所など主な公共施設の場所と働き、古くから残る建造物の分布などに着目して、観察・調査したり地図などの資料で調べたりして白地図などにまとめ、身近な地域や市の様子を捉え、場所による違いを考え、表現することを通して、身近な地域や自分たちの市の様子を大まかに理解できるようにするとともに、主体的に学習問題を追究・解決しようとする態度を養う。

ICT活用のポイント

子供一人一人が問題意識をもち、問題解決の見通しをもった後、必要な情報を収集したり、収集した情報を読み取ったり、読み取った情報を分類・整理したりする際に情報端末を活用することで、学習活動の幅を広げることができる。

ICT端末のメリットを考え 効果的な場面で活用する

単元の学習過程

▷ 学習問題をつかむ

▷ 学習問題を追究する

▷ まとめる

単元の目標の実現のために

事例の概要

「見学活動で情報端末を活用し、情報を収集する」場面において

各自の問いに合わせて、それぞれの問いに合わせて見学を進め、子供たちは写真機能を使って記録する、録画機能を使って、映像を記録する、映像の中に自分たちからの解説を入れる、レポーターをつけてレポート形式の動画を撮る、など様々な活用を保証している。また、ノートへの記録に追われることなく、どんどん写真を撮ったりインタビューをしたりするなど、情報の収集に専念することができる。

「収集した情報を基に、情報端末を活用して話し合う」場面において

見学・調査後、撮影し再生できるので大切な内容を確認するとともに見ながら、問いに対する新たな発見をまとめていく。くり返し再生できるので大切な内容を確認することができる。情報を収集することを基に深く考えることにつながる。また、確認したり話し合ったりできるので、情報が吟味され調べたことを基に深く考えることにつながる。自分たちで収集した画像や映像を基に、わかったことをまとめたりわかりやすく伝えたりすることもできる。

[小学校・第3学年・社会科・「わたしたちの市の様子」②]

【写真機能や動画撮影機能で情報を記録する】

各自の問いに合わせて見学を進め、
・写真、動画撮影機能を使って、映像を記録する。
・映像の中に自分たちの解説を入れる。
・レポーターをつけてレポート形式の動画を撮るなど、子供たちは様々な活動を展開できる。

ICT活用のメリット
○早く効果的に情報収集できる。
○見えにくい情報を見えるようにできる。

【収集した情報を基に話し合う】

・インタビューの結果を、くり返し再生し、大切な内容を確認する。
・撮影した映像や動画をくり返し再生する。
・画像や映像をくり返し再生して話し合い、情報を吟味したり、調べることを基に各自の問いについて考えたりする。
・自分たちで収集した映像を基に、自分たちが調べてわかったことをまとめる。

ICT活用のメリット
○くり返し再生できる。
○拡大して細部まで映像で確認できる。
○ファイル共有機能による情報共有ができる。

【見学活動でICT端末を活用し、情報を収集する場面】

ある児童は、「市には、古い神社やお寺があるのではないか」という問いを基に調べ、ICT端末で撮影する(情報を収集する)。

市の土地利用に着目した児童は、地域の方にインタビューして市の様子について ICT端末で動画撮影をする(情報を収集する)。

【収集した情報を基に、ICT端末を活用して話し合う場面】

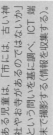

集めた情報をくり返し見たり、拡大して見たり、友達と共有したりして、地図で場所を確かめながら、市の様子について話し合う。

[活用したソフトや機能] 写真・動画撮影

【ICT端末を活用し、考えをまとめ、共有する場面】

【考えをまとめ、共有する場面】

共同編集可能なシートを活用することで、

・自分の考えを書き、班の仲間に伝え、共有する。
・自分の考えを書きながら、友達の考えを読む。
・友達の考えを参考にしながら、自分の考えを書く。
・互いの考えの共通点・相違点を見つける。
・まとめ方を考える。

ICT活用のメリット

○自分の考えを他者に伝えることができる。
○すぐに互いの考えを共有することができる。
○考えの共通点・相違点を見つけることができる。

まずは、問いに対する自分の考えを書いていく。書いた考えは班のシートに反映され、すぐに全体に共有できる。

「壊れたり「使い道がなくなったり」など、考えを読み込みながら、まとめ方を考える。

【共有した考えを基に、ICT端末を活用して関連付けたり整理する場面】

【互いの考えを関連付けたり整理したりする場面】

互いの考えをグループ分けするなど整理しながら、話し合いを進める。

・互いの考えをグループ分けするなど整理しながら、話し合いを進める。
・互いの意見を関連付けて話し合いを進める。
・互いの班の考えのまとめを共有できる。
・発言が苦手な児童も、意欲的に自分の考えを表現できる。

ICT活用のメリット

○関連付け、グループ分けなどが容易である。
○操作しながら話合いや考えの整理ができる。
○すぐに他班とまとめを共有できる。
○学びの記録を残すことができる。

互いの考えを自由に動かしたり付け足したりしながら、最終処分場の働きについて「作業の工夫」「処理できる物」など、端末上で互いの考えを関連付けたり整理したりして、班の考えをグループリングしてまとめる。

【活用したソフトや機能】metamojiclassroom グループ活動シート

❼ 「社会的事象の見方・考え方」をくり返し働かせる

　小学校社会科においては，「社会的事象の見方・考え方」を働かせ，学ぶことを重視する必要があります。「社会的事象の見方・考え方」は，社会的事象の意味や意義，特色や相互の関連を考察したり，社会に見られる課題を把握して，その解決に向けて構想したりする際の「視点や方法（考え方）」であると考えられます。そして，「社会的事象の見方・考え方を働かせ」るとは，そうした「視点や方法（考え方）」を用いて課題を追究したり解決したりする学び方を表すとともに，これを用いることにより子供の「社会的事象の見方・考え方」が鍛えられていきます。こうした「社会的事象の見方・考え方を働かせ」ることは，社会科としての本質的な学びを促し，深い学びを実現するための思考力，判断力の育成はもとより，生きて働く知識の習得に不可欠であること，主体的に学習に取り組む態度にも作用することなどを踏まえると，資質・能力全体に関わるものであると考えられます（「解説」p.18参照）。

　小学校社会科の学習は，資質・能力の育成のために「社会的事象の見方・考え方を働かせ，問題解決的な学習を通す」ことが求められています。つまり，単元を通して授業を設計するときに，社会的事象の見方・考え方を働かせることを意図的にデザインすることが必要となります。さらに，くり返し社会的事象の見方・考え方を働かせるように単元デザインしていくことで，子供たちの中で社会的事象の見方・考え方が鍛えられ，他の社会的事象に出会ったときに，これまで身に付けた視点と方法で追究を図っていくことになるものと考えられます。

　それでは，「社会的事象の見方・考え方をくり返し働かせる」学びについて実際に行われた単元のデザインを基に具体的に説明します。

〈第3学年内容(3)「地域の安全を守る働き」〉

　ここでは，消防署や警察署などの関係機関に従事する人々が相互に連携し，

地域の人々と協力して，火災や事故などから人々の安全を守るために行っている働きについて学習します。

　この「内容のまとまり」は「火災」と「事故や事件」に関する2つの単元で構成されることが多いです。その結果，2つの単元において同様の展開で学習を行う現状が見られます。そこで本事例では，学習指導要領の「内容のまとまり」や内容の取扱いを踏まえ，2つの単元の学習を通して単元1の学習を単元2で生かすように設定することを意識して単元を構成しています。

　例えば，本事例では，学習問題について予想や学習計画を立てている場面では，単元1と単元2で，ほぼ同様であるため，単元2では，単元1を生かして一時間で設定するように構成しています。予想や学習計画が適切に立てられていない子供がいれば，単元1の学習を例に挙げて指導したり，友達の考えを参考にするよう助言したりすればよいですし，追究の見通しや追究の仕方も単元1と同じように考えればよいのです。また，2つの単元を関連付けながら，法やきまりの大切さや地域の安全を守る諸活動を振り返り，より社会生活に生かし，地域の安全のために自分たちに何ができるかを考える時間を設定しています。

　このように，**類似性が高い内容同士**は教師が意図的に単元をデザインすることで，子供たちは，**社会的事象の見方・考え方をくり返し働かせながら**問題解決を図ることができるのです。

【第3学年(3)「地域の安全を守る働き」】

着目して	問いの例
施設・設備などの配置	どこにどのような施設・設備があるか
緊急時への備えや対応	どのように連携・協力して火災や事故などの発生に備えたり対応したりしているか
比較・分類・総合・関連付けして考える例	
諸活動と人々の生活を**関連付けて**関係機関の働きを考える	

「地域の安全を守る働き」単元デザイン

単元1「事故や事件から人々の安全を守る」

MQ：事件や事故から地域を守るために，
だれがどのようなことをしているのだろう。
警察署が……，地域の人々が……。

学習問題の設定・見通し　見通しまで2時間

○施設・設備などの配置
○緊急時への備えや対応
○関係機関や地域の人々の諸活動
○相互の関連や従事する人々の働き
◎地域の安全を守るために，相互に連携して緊急
　時に対処する体制をとっていること
◎関係機関が地域の人々と協力して火災や事故な
　どの防止に努めていることを理解する

単元2「火災から人々の安全を守る」

MQ：火事から人々や地域を守るために，
だれがどのようなことをしているのだろう。
消防署が……，地域の人々が……。

学習問題の設定・見通し　見通しまで1時間

○施設・設備などの配置
○緊急時への備えや対応
○関係機関や地域の人々の諸活動
○相互の関連や従事する人々の働き
◎地域の安全を守るために，相互に連携して緊急
　時に対処する体制をとっていること
◎関係機関が地域の人々と協力して火災や事故な
　どの防止に努めていることを理解する

同じように展開できるので，
前の単元を生かして考える

社会的事象の見方・考え
方をくり返し働かせて考
える

単元1，単元2を通して
考える

学習したことを基に……地域や自分自身の安全を
守るために自分たちにできることなどを考えたり
選択・判断したりできる（内容の取扱い(3)イ）

[問い]これからもまちを守るために，
自分たちには何ができるだろう。

消防と警察，農業と水産業のよう
に類似性が高い内容（単元）は，
同じように展開できるため，社会
的事象の見方・考え方をくり返し
働かせる単元設計が可能

143

〈第6学年(1)「我が国の政治の働き」(2)「我が国の歴史上の主な事象」〉

　ここでは，(1)「我が国の政治の働き」の学習を生かして，(2)「我が国の歴史上の主な事象」に取り組んでいます。

　まず，(1)「我が国の政治の働き」の学習の最後に，これまで学習したことを基に『国の治め方』として，国を治める（政治）には，どのようなことが必要か，をみんなで話し合い，整理して，次のようにまとめていきます。

『国の治め方』　○しくみ（制度）をつくる　○きまり（法律）をつくる

　　　　　　　　○お金（税）を集める　　　○外国と関わる（貿易等）など

　次に，(2)「我が国の歴史上の主な事象」の学習を展開していきます。そのときに，(1)の学習のまとめで整理した『国の治め方』を活用します。

　小学校の歴史学習は，人物の働きや代表的な文化遺産を中心として学習することとしています。歴史を通史として事象を網羅的に取り扱うものではないことに留意する必要があります。我が国の歴史は各時期において様々な課題の解決や人々の願いの実現に向けて努力した先人の働きによって発展してきたことを理解できるようにすることが求められています。

　そこで，人物の働きに着目して，例えば，「源頼朝は，どのように治めたのだろう」と問えば，子供は，「しくみを作ったのではないか」「きまりを作ったのではないか」……と，政治の学習を生かして予想を含んだ問いを設定していくことが考えられます。このように考えていくと文化を抜かせば，ほぼ，同じ展開で学習を進めることができます。このような単元デザインは，現代の政治の働きと歴史上の事象を関連させていくことにもつながります。

　つまり，内容の違いはあっても，<u>同じ視点や方法で追究できるように</u>教師が意図的に単元デザインすることで，子供たちは，<u>社会的事象の見方・考え方をくり返し働かせながら</u>問題解決を図ることができるのです。教師の仕掛けにより，子供たちは，(1)の政治の学習の学びを生かして(2)の歴史の学習を追究することができるのです。

（1）**我が国の政治の働き**

※学習の最後に我が国の政治の働きを以下のように整理した

「国のおさめ方」

○仕組み
○きまり（法）
○お金（税）
○外国との関わり
○……
○……

（2）**我が国の歴史上の主な事象**

（ア）……

（イ）聖徳太子は……

（ウ）……

（エ）源頼朝は，どのようにおさめたのだろう

　○どのような仕組みをつくったのだろう
　○どのようなきまり（法）をつくったのだろう
　○どのようにお金（税）を集めたのだろう
　○外国とのかかわりは，どのようにしたのだろう
　○調べたことを総合すると……

（オ）……

（カ）織田信長や豊臣秀吉は，どのように
　　　　　　　　　　　　　　　おさめたのだろう

　○どのような仕組みをつくったのだろう
　○どのようなきまり（法）をつくったのだろう
　○どのようにお金（税）は……
　○外国との関わりは……

「国のおさめ方」という点で見ていくと…政治の学習を生かして，社会的事象の捉え方がわかる。それを活用して，歴史のそれぞれの事象を捉えていくように，構想している（見方・考え方）。

このように，子供たちがくり返し社会的事象の見方・考え方を働かせて問題解決できるように教師が意図的に単元デザインすることが重要です。くり返すことで，子供の中にこの学び方が身に付いていくと考えられます。

　学習指導要領から単元で働かせる社会的事象の見方・考え方を読み取ると，以下のようになり，(1)「我が国の政治の働き」と(2)「我が国の歴史上の主な事象」では，同じものではないことがわかります。

【第6学年(1)「我が国の政治の働き―我が国の民主政治―」】

着目して
日本国憲法の基本的な考え方
比較・分類・総合・関連付けして考える例
日本国憲法と国民生活，国会，内閣，裁判所と国民を それぞれ**関連付けて**（日本国憲法の特色や役割を）考える

【第6学年(1)「我が国の政治の働き―国や地方公共団体の政治の取組―」】

着目して
政策の内容・計画から実施までの過程・法令や予算との関わり
比較・分類・総合・関連付けして考える例
取組と国民生活を**関連付けて**（政治の働きを）考える

【第6学年(2)「我が国の歴史上の主な事象」】

着目して
世の中の様子・人物の働き・代表的な文化遺産
比較・分類・総合・関連付けして考える例
（調べた歴史上の主な事象を**関連付けたり総合したりして**，世の中の様子や国家・社会の変化），歴史の展開や歴史を学ぶ意味を考える

　そこで，教師は(2)「我が国の歴史上の主な事象」の小学校の歴史的な内容の学習の特性を捉え，(1)「我が国の政治の働き」の学びを生かして追究できる仕掛けを打ったのです。それが，『国の治め方』として，国を治める（政

「社会的事象の見方・考え方を<u>くり返し働かせる</u>」ために

※学習指導要領・解説を読むとわかる

<u>くり返し働かせる社会的事象の見方・考え方は，何か</u>明確にする

教師による意図的な単元のデザイン

<u>くり返し社会的事象の見方・考え方を働かせるように</u>
<u>単元デザインしていくことで，</u>

子供たちの中で社会的事象の見方・考え方が鍛えられ，

他の社会的事象に出会ったときに，

これまで身に付けた視点と方法で追究を図っていく

ことになるものと考える。

子供の主体的な学びを展開するためには

子供の学びをつなげることが大切
子供が社会的事象の見方・考え方をくり返し働かせるように
単元デザインにすることが大切

例

県内の特色ある地域の様子について理解する

| 伝統的な技術を生かした地場産業が盛んなA市 | ⟷ | 地域の資源を保護・活用しているB町 | ⟷ | 国際交流に取り組んでいるC市 |

同じ社会的事象の見方・考え方を働かせて

<u>特色ある地域の位置・自然環境・人々の活動や産業の歴史的背景，人々の協力関係</u>
などに着目して，
<u>特色ある地域の人々の活動や産業とそれらの地域の発展を関連付けたり，</u>
<u>自分たちの住む地域と比較したりして，</u>

147

治）には，どのようなことが必要か，ということです。この仕掛けにより，⑴と⑵を同じ学び方，つまり同じ視点と方法で追究できるようにしたのです。ここに教師の意図的・計画的な単元デザインを見ることができるのです。

　「社会的事象の見方・考え方をくり返し働かせる」ために，教師が意図的に単元をデザインする重要性は事例を通して具体的に説明しました。では，単元をデザインするときに，何を手掛かりにすればよいのでしょうか。これは，やはり，学習指導要領ということになります。事例のように，**類似性が高い内容同士**や**同じ視点や方法で追究できるよう**に意図的な単元デザインをすることを考えると，教師が学習指導要領の内容を理解していることが大切であることがわかります。ただ，学習指導要領の内容全てを理解すること，頭に入れておくことは，現実的ではありません。そこで，次のように考えて，まずは取り組んでみると良いでしょう。

　まずは……

○学習指導要領の内容の中で，いくつかの単元を含んでいるものについて，
　同じ社会的事象の見方・考え方を働かせて問題解決を図るものを読み取る。

　事例で紹介した第３学年内容⑶「地域の安全を守る働き」が，まさにこれに該当します。他には，以下のような内容が考えられます。

　第４学年内容⑸「県内の特色ある地域の様子」…県内の３つの地域

　第５学年内容⑵「我が国の農業や水産業における食料生産」

　第６学年内容⑵「我が国の歴史上の主な事象」…㋐～㋚

　次に……

○「解説」（p.150・151）「小・中学校社会科における内容の枠組みと対象」
　を参考に，類似した内容や内容同士の関係性，内容の系統性などを読み取る。

○学習指導要領の内容ごとに，働かせる社会的事象の見方・考え方（１章参
　照）を読み取り，並べてみる。

　「解説」（p.150・151）「小・中学校社会科における内容の枠組みと対象」を読みます。第３学年「市の様子」と第４学年「県の様子」を例に考えてみましょう。

小・中学校社会科における内容の枠組みと対象

枠組み		地理的環境と人々の生活			現代社会
対象		地　域	日　本	世　界	経済・産業
小学校	3年	(1)身近な地域や市の様子 イ(ア)「仕事の種類や産地の分布」 ●			(2)地域に見られる生産や販売の仕事
	4年	(1)県の様子	ア(ア)「47都道府県の名称と位置」 ●		(2)人々の健康や生活環境を 内容の取扱い(3)イ「開発，産業などの事例（選択）」
		(5)県内の特色ある地域の様子			
	5年		(1)我が国の国土の様子と国民生活 イ(ア)「生産物の種類や分布」	イ(ア)「世界の大陸と主な海洋，世界の主な国々」	ア(イ)「自然環境に適応して生活していること」
			イ(ア)「工業の盛んな地域の分布」		(2)我が国の農業や水産業における食料生産
					(3)我が国の工業生産
					(4)我が国の情報と産業との関わり
			(5)我が国の国土の自然環境と国民生活との関連		(5)我が国の国土の自然環境と
	6年			イ(ア)「外国の人々の生活の様子」	

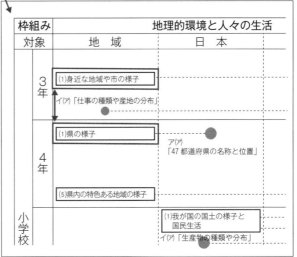

枠組み		地理的環境と人々の生活	
対象		地　域	日　本
小学校	3年	(1)身近な地域や市の様子 ↕ イ(ア)「仕事の種類や産地の分布」 ●	
	4年	(1)県の様子	ア(ア)「47都道府県の名称と位置」 ●
		(5)県内の特色ある地域の様子	
			(1)我が国の国土の様子と国民生活 イ(ア)「生産物の種類や分布」 ●

　学年は違いますが，同じ「地理的環境と人々の生活」に区分され，その中でも「地域」に区分される内容です。内容が類似し，単元展開が似てくることが考えられます。

次に，それぞれの内容ごとに，働かせる社会的事象の見方・考え方を読み取り，並べてみます。

【第3学年⑴「身近な地域や市区町村の様子」】

着目して	問いの例
市の位置	市はどこに位置しているか
市の地形	（どのような様子か）
土地利用	どのように利用されているか
交通の広がり	どのように広がっているか
公共施設の場所と働き	（どこにあるか）（どのような働きをしているか）
建造物の分布	どのように広がっているか （どこに，どのようなものがあるか）
比較・分類・総合・関連付けして考える例	
場所ごとの様子を**比較**して違いを考える	

【第4学年⑴「都道府県の様子」】

着目して	問いの例
県の位置	自分たちの県は日本のどこに位置しているか
県全体の地形	どのような地形が見られるか
主な産業の分布	主な産業はどこに分布しているか
交通網	交通網はどのように広がっているか
主な都市の位置	主な都市はどこに位置しているか
比較・分類・総合・関連付けして考える例	
総合して県の地理的環境の特色を考える	

並べて見ることにより，共通するもの，つまり，くり返し働かせることができる視点や方法，と，違う視点や方法，新しい視点や方法がわかり，子供たちが「社会的事象の見方・考え方をくり返し働かせ」問題解決を図るよう教師が意図的に単元のデザインをする手掛かりとすることができます。これは1例にすぎません。ぜひ，参考にして積極的に取り組んでください。

おわりに

現場の授業が一番大切

　学習指導要領では，資質・能力の育成に向けてそれぞれの教科等の特質に応じた見方・考え方を働かせた学習活動を行うことや，「主体的・対話的で深い学び」の視点からの授業改善を推進することが求められています。もちろん，小学校社会科も同様です。しかし，「授業改善を求められているけれど，どのように取り組めばいいのか」「どこから始めればいいのか」は難しいところです。

　小学校社会科は，資質・能力の育成のために「社会的事象の見方・考え方を働かせ，問題解決的な学習を通す」ことが求められています。つまり，小学校社会科において，主体的・対話的で深い学びの視点からの授業改善とは，端的に言えば，問題解決的な学習過程の充実と言うことができ，本書では，それを教師が授業づくりを「単元で考える」こととし，そのために「学習指導要領」「学習評価」「学習活動」を手掛かりに「単元で考える」Point を説明しています。

　授業改善のためには，現場の先生方の日々の授業での実践が一番大切です。子供たちに向き合い，子供と共につくる現場の先生方の授業こそが重要なのです。本書を手にすることで，少しでも多くの先生方の不安を取り除くとともに，学習指導要領を読んで授業に生かしてみよう，授業が楽しくなる，そんな力になれれば幸いです。一人でも多くの先生方が子供たちのために授業の腕を磨かれることを大いに期待しています。

　本書は，各地で行われた研究大会や研修会，授業研究会や校内研究会などで話した内容や，全国で参観させていただいた授業からの学びを基にまとめたものです。さらに『社会科教育』の連載を整理し，まとめています。

　最後になりますが，本書の刊行に当たり，明治図書出版の及川誠氏に多くのご助言を賜りました。心から感謝申し上げます。　　　　　　　　小倉勝登

【著者紹介】

小倉 勝登（おぐら かつのり）

文部科学省初等中等教育局教育課程課教科調査官。
国立教育政策研究所教育課程研究センター教育課程調査官。
昭和45年宮城県生まれ。平成4年から東京都の新宿区，大田区
で小学校教諭，平成11年から東京学芸大学附属小金井小学校教
諭，平成29年に東京学芸大学非常勤講師兼務を経て，平成30年
4月より現職。

社会科授業づくりは「単元で考える」

2023年9月初版第1刷刊 ⓒ著 者 小　倉　勝　登
　　　　　　　　　　　　発行者 藤　原　光　政
　　　　　　　　　　　　発行所 明治図書出版株式会社
　　　　　　　　　　　　　　http://www.meijitosho.co.jp
　　　　　　　(企画)及川　誠(校正)杉浦佐和子・㈱APERTO
　　　　　　　〒114-0023　東京都北区滝野川7-46-1
　　　　　　　振替00160-5-151318　電話03(5907)6703
　　　　　　　　　　　　ご注文窓口　電話03(5907)6668

＊検印省略　　　　　　　組版所 藤 原 印 刷 株 式 会 社

本書の無断コピーは，著作権・出版権にふれます。ご注意ください。

Printed in Japan　　　　　　　ISBN978-4-18-300830-5
もれなくクーポンがもらえる！読者アンケートはこちらから